THE
EVERYTHING®
MOVIE
WORD SEARCH
BOOK

Dear Reader,

Ever since I can remember, I have been a movie fan. From the first time I watched *The Wizard of Oz* to the first time I ever stepped onto a movie set when I was a kid, I have had a love and passion for movies. In my teenage years, my friends and I spent every Friday night at the movie theater watching the next big production on the silver screen. Whenever my friends have trouble remembering a movie title or the name of an actor, I'm the first person they call. . . . It's fun being a movie wiz!

One day, I decided to compile my love for movies with one of my other favorite pastime, word search puzzles. If losing yourself in a puzzle is something you enjoy, then this is definitely the book for you! Each puzzle is themed specifically to one particular movie. My hope is that this book is as fun for you as it has been for me to put together.

So if movies and puzzles are something you enjoy, then break out a pen, sit back in a comfortable chair, and let the fun begin!

Jennifer Edmondson

Welcome to the EVERYTHING® Series!

These handy, accessible books give you all you need to tackle a difficult project, gain a new hobby, comprehend a fascinating topic, prepare for an exam, or even brush up on something you learned back in school but have since forgotten.

You can choose to read an *Everything*® book from cover to cover or just pick out the information you want from our four useful boxes: e-questions, e-facts, e-alerts, and e-ssentials. We give you everything you need to know on the subject, but throw in a lot of fun stuff along the way, too.

We now have more than 400 *Everything*® books in print, spanning such wide-ranging categories as weddings, pregnancy, cooking, music instruction, foreign language, crafts, pets, New Age, and so much more. When you're done reading them all, you can finally say you know *Everything*®!

PUBLISHER Karen Cooper

DIRECTOR OF ACQUISITIONS AND INNOVATION Paula Munier

MANAGING EDITOR, EVERYTHING® SERIES Lisa Laing

COPY CHIEF Casey Ebert

ACQUISITIONS EDITOR Lisa Laing

EDITORIAL ASSISTANT Hillary Thompson

EVERYTHING® SERIES COVER DESIGNER Erin Alexander

LAYOUT DESIGNERS Colleen Cunningham, Elisabeth Lariviere, Ashley Vierra, Denise Wallace

Visit the entire Everything® series at *www.everything.com*

THE EVERYTHING

MOVIE
WORD SEARCH
BOOK

150 blockbuster puzzles for
fans of the big screen

Jennifer Edmondson

Adams Media

New York   London   Toronto   Sydney   New Delhi

For Grandma and Grandpa.
I miss you every day.

Adams Media
An Imprint of Simon & Schuster, Inc.
57 Littlefield Street
Avon, Massachusetts 02322

For information about special discounts for bulk purchases, please contact Simon & Schuster Special Sales at 1-866-506-1949 or business@simonandschuster.com.

The Simon & Schuster Speakers Bureau can bring authors to your live event. For more information or to book an event contact the Simon & Schuster Speakers Bureau at 1-866-248-3049 or visit our website at www.simonspeakers.com.

Interior illustration by Barry Littman

Manufactured in the United States of America

16 2020

Library of Congress Cataloging-in-Publication Data has been applied for.

ISBN 978-1-60550-048-5

Contents

Acknowledgments

First, I would like to thank my family and friends for being there for me and always supporting me with whatever I chose to do. You are my lifelines!

I would also like to thank Lisa Laing and the wonderful staff of Adams Media for allowing me to do such a fun project!

Introduction

WITH 150 FUN-FILLED, MOVIE-BASED puzzles, *The Everything® Movie Word Search Book* is the perfect match for movie and puzzle enthusiasts alike! Everyone loves a good cinematic adventure. Movies are one of America's favorite pastimes. They have the power to inspire us, make us laugh, make us cry, make us think, and even make us frustrated at times.

Who can forget when George Bailey had a chance to see what life would be like without him in *It's a Wonderful Life,* or when Rocky Balboa had his first boxing match in the ring, or when E.T. went home? Great movie moments like these are incorporated in every word search puzzle you'll find in this book.

There are many people who quote lines, buy memorabilia, collect DVDs, and even wait in line for hours to be the first to have a look at the latest big blockbuster. Word search puzzles are another great pastime. They keep us busy, get our minds off things, relieve us of boredom, and keep our minds sharp. Now movies and word searches have come together!

There are up to forty-five words per puzzle, each representing characters, actors, locations, props, emotions, quotes, events, occupations, storylines, and more! Now you can have the nostalgia of great movies mixed in with the fun of word search puzzles by way of a simple line or prop that will bring back a funny memory or perhaps remind you of the art of movies. Even if you don't watch many movies, you will have fun for hours! Perhaps even pique your curiosity enough to go out and rent a film you have never seen before. The best part about these puzzles is that they are great for any age group.

ENJOY!

PUZZLES

CHAPTER 1: It's All about the Journey

Thelma and Louise

```
D T S E V I T I G U F H V K W O I S O R
R L H T E T D I V E X P L O S I O N B O
Q X A A A E F D H O B P I R T D A O R A
P O R N R T H U N D E R B I R D H D Z Y
R N T P O V E D B G N I C N A D E N I L
E N H V I D E T I N O Y N A C D N A R G
K E E S A H C Y R T N U O C S S O R C G
I L L S K G S M K O G A R K A N S A S Y
H Y M Z D B A D R E O J L N K D N S S P
H M A R G A R B N E I P M R I I I N E W
C M D E E D M A O E H T E N A Q K A R I
T I I V E M E L D N I P E R Y H C S T L
I J C I N U D S E P D R O L P H I U I D
H C K R A R R N E A I M F T E O D S A T
M R I D D D O C A R H T O S S E L G W U
E L N K A E B E J N T C T T S I Y I W R
X S S C V R B G A S O L I N E T R U C K
I L O U I S E S A W Y E R M E L R H K E
C B N R S W R Z B M U C O L S L A H C Y
O M F T W A Y E N O M R H A I R D O W N
```

HARLAN
HARVEY KEITEL
HITCHHIKER
JIMMY LENNOX
LINE DANCING
LOUISE SAWYER
MEXICO
MICHAEL MADSEN
MONEY
MURDER
PEACHES
    POLICE
ROAD TRIP
STATE TROOPER
SUSAN SARANDON
THELMA DICKINSON
THUNDERBIRD
TRUCK DRIVER
VAGABOND MOTEL
WAITRESS
WILD TURKEY

ARKANSAS
ARMED ROBBERY
BRAD PITT
CHRISTOPHER
    MCDONALD
CROSS COUNTRY
    CHASE

DARRYL
    DICKINSON
DESERT
DINER
EXPLOSION
FBI
FRIENDSHIP

FUGITIVES
GASOLINE TRUCK
GEENA DAVIS
GRAND CANYON
GUN
HAIR DOWN
HAL SLOCUMB

Solution on page 154

The Lord of the Rings: The Fellowship of the Ring

```
J J Y C Y G Q R Z S E V T S A U R O N J
P Z M W J P Q J S V F F D I X L A Z U S
P B H Q R T M N C M E R R Y E U K Q T B
H W U W L X I Z R K X O A J T E I E G M
E X Y Q S L D I O P M D G W J T V F X I
T C S E B N D R L F U O N X D I S J S W
Y G A O R L L L O V D B E U L L H E W D
E E G M A G E S I W M A S M S H I O C Z
N L C H M D E G X O S G I H O I R F P M
R U V W N N A H O F O G T K N R E T N H
U Q Y E I A R D T L T I T V A L D J E N
O I V M S I T U L F A N F D L F A O W A
J I S Q H N H U P R L S N O E C L C R M
R S P X U H M V W L Q A W A I F B H A U
Y I R O D N O G W H W S D T R R L L O R
H L M E U N N B Q O H J N N D A U H G A
I D V O G I A G B I L B O B A G G I N S
J U O H R N I P P I P H R A L G R O I G
W R N J W O A Q F L T O L V A D O A R V
B Z C M A M B R Q P F S E O G V M I M N
```

ARAGORN
ARWEN
AXE
BILBO BAGGINS
BOROMIR
BOW AND ARROW
DWARFS
ELROND
ELVES
EVIL
FELLOWSHIP
FRODO BAGGINS
GALADRIEL
GANDALF THE GREY
GIMLI
GOBLINS
GOLLUM
GONDOR

HOBBITS
ISENGARD
ISILDUR
JOURNEY
LEGOLAS
MERRY
MIDDLE EARTH
MINES OF MORIA

MORDOR
MORGUL BLADE
MOUNT DOOM
ORCS
PIPPIN
RANGER
RING
RINGWRAITHS

RIVENDELL
SAMWISE
GAMGEE
SARUMAN
SAURON
SHIRE
SWORD

Solution on page 154

Easy Rider

```
B Q R I A A J F D C S H L G M M B X S U
P A B I K E R S R O P I R T D A O R M R
E L V G I E E I J I M B E A M J K T W O
D H O H E N I D R U N K E N L A W Y E R
R N I D N O S L O H C I N K C A J F E L
I E O P L O R E S A R G S I D R A M C M
F M P R P N P G J E X T R B J X Z N O J
T C I P K I G R E I R E K I H H C T I H
E V H F O N E M Y H M V I K V U O L I T
R W S A B H Y S K A A D N O F R E T E P
F B D Q T N S N N P H N H E C H D R C H
M I N A M O S I B A S R S Y T K W A I W
L L E C L I A J N R E L C O X I L G V C
V L I S L T E T E N O L R F N I H Y G K
Y Y R U P A Q D I H E B R P F W S T H N
V X F A Y T I D O S Z D W O A I D U F R
O H C R O S S C O U N T R Y W R R P W H
W Y A T T S L X T B Y N O Z K E A E L X
J C J U W A N A I S I U O L N L N D H D
D W O N S G C I G A R E T T E S J Y E S
```

ALCOHOL

BIKERS

BILLY

BROTHEL

CALIFORNIA

CAPTAIN AMERICA

CIGARETTES

CROSS COUNTRY

DENNIS HOPPER

DEPUTY

DINER

DRIFTER

DRUNKEN

LAWYER

FREEDOM

FRIENDSHIP

GAS STATION

GEORGE HANSON

HIGHWAY

HIPPIES

HITCHHIKER

JACK NICHOLSON

JAIL CELL

JIM BEAM

LEATHER JACKET

LOUISIANA

MARDIS GRAS

MOTEL

MOTORCYCLES

NEW ORLEANS

OUTSIDERS

PARADE

PETER FONDA

ROAD TRIP

SHERIFF

WYATT

Solution on page 154

Apollo 13

```
S T E N A L P M E A S L E S Z C M Q B L
S K N A H M O T W M S U R V I V A L I A
O M A I W O T U A N O R T S A U N L O U
R D V T R E G I W S K C A J T D E E M N
S N A D H B S I R R A H D E M N G V E C
L L E V O L N Y L I R A M P O O Y O D H
K R S L I V E B R O A D C A S T X L S A
S Z I J L R E E H O N O R T P X O M N L
K E N M A T T I N G L Y E T H A T I O L
R R I Q B T R Y O Q N T V C E P E J I E
E O S B E R I F I A U C E U R L C U S N
T G Y R U O H T S E N I F D E L H Y O G
S R R N O I T A S N E D N O C I N I L E
A A A X P E O N I D F U Q L C B I K P N
S V G Q W A L O M Y O M I H A N C T X E
I I M O O R L O R T N O C A B N I V E K
D T F P L T O M A R G O R P E C A P S R
G Y E I C H P P N H A C C I D E N T D A
L I F E B O A T U F R E D H A I S E G N
O Q U S L L E C L E U F H O U S T O N Z
```

ACCIDENT

APOLLO THIRTEEN

ASTRONAUT

ATMOSPHERE

BILL PAXTON

BIOMEDS

CHALLENGE

CONDENSATION

CONTROL ROOM

DISASTER

DOOR

DUCT TAPE

EARTH

ED HARRIS

EXPLOSION	HONOR	LAUNCH	ORDERS
FEVER	HOUSTON	LIFEBOAT	OXYGEN
FINEST HOUR	JACK SWIGERT	LIVE BROADCAST	PLANETS
FIRE	JIM LOVELL	LUNAR MISSION	SPACE PROGRAM
FRED HAISE	KATHLEEN	MARILYN LOVELL	SURVIVAL
FUEL CELLS	QUINLAN	MEASLES	TECHNICIANS
GARY SINISE	KEN MATTINGLY	MOON	TOM HANKS
GENE KRANZ	KEVIN BACON	NASA	ZERO GRAVITY

Solution on page 154

A Perfect Storm

```
H S I F D R O W S S J P O O L H A L L H
S H K R A H S T T E S U H C A S S A M E
W X Z U E L U H J O H N C R E I L L Y L
D R O F T A H S Y B B O B T N Q X F Z I
D A V I D S U L L I V A N I T S I R H C
N T I V R D R O H C N A A A W U W E P O
A G A C A Y R C X D Y T T Y I C V D X P
L B E O E I I I R N P X U E L O G P N T
S I M O B M C E T A V E R N L X R I A E
I T N Z R G A H C G E U A Y I Y E E R R
E I O D C G N C I T N A L T A H T R O N
L D L R A H E I H X K N D Y M P S R M W
B A L I M G G C H I O Z I L F R E E L O
A L L E N E R I L S N Q S L I U C S E R
S W C E H J A E E O I E A I C M U C A B
Y A Y G B T C R E A O F S B H E O U H B
U V D I A N E L A N E N T B T L L E C O
P E S U O H T H G I L R E U N A G O I B
C O A S T G U A R D F A R Y E D C V M X
B U G S Y G R E B L H A W K R A M Y S S
```

ICE MACHINE
IRENE
JOHN C REILLY
LIGHTHOUSE
LINDA GREENLAW
MARK WAHLBERG
MASSACHUSETTS
MICHAEL MORAN
NATURAL DISASTER
NORTH ATLANTIC
PIER
POOL HALL
RESCUE
SABLE ISLAND
SHARK
STORM
SWORDFISH
TAVERN
TIDAL WAVE
THERES ONLY LOVE
WILLIAM FICHTNER

ALFRED PIERRE
ANCHOR
ANDREA GAIL
BILLY TYNE
BOB BROWN
BOBBY SHATFORD
BUGSY

CAPTAIN
CHRISTINA
COAST GUARD
DALE MURPHY
DAVID SULLIVAN
DIANE LANE
ETHEL

FISHING BOAT
GEORGE
CLOONEY
GLOUCESTER
HELICOPTER
HURRICANE
GRACE

Solution on page 154

Planes, Trains, and Automobiles

```
I K X A T I C K E T S I U O L T S V B L
F R N S U S A N P A G E G A P L A E N B
J O U U B X W I A D V E R T I S I N G F
G Y M O R I T A R B B U R N E D C A R H
Z W C M S T H R K L N F T E L Y N D W I
C E H Q C S G T A A I B H M M E I A I G
E N A K U T I Y V B K R A E H N T T C H
C X T B H A L M E B M I N E E O R L H W
I G T S T T F O N E O E K R N M A V I A
G K Y L I E D G U R O F S G N N M I T Y
A Y C E F T E A E M R C G A I E E L A W
R D A W F R L C O O L A I L D L V L D A
E N T O I O E I N U E S V A O O E I E L
T A H T R O C H B T T E I T O T T N G L
T C Y T G P N C S H O L N N W S S O A E
E N D E L E A N H H M U G E D L I I G T
S H O W E R C U R T A I N R I N G S G H
K O L P D Z B C R E D I T C A R D S U I
Y J L J O F U P I C K U P T R U C K L E
X E N A L P R I A U T O M O B I L E A F
```

ADVERTISING

AIRPLANE

AUTOMOBILE

BLABBERMOUTH

BRAIDWOOD INN

BRIEF CASE

BURNED CAR

BUS

CANCELED FLIGHT

CHATTY CATHY DOLL

CHICAGO

CIGARETTES

CREDIT CARDS

DEL GRIFFITH

DINERS CLUB CARD

HIGHWAY

ILLINOIS

JOHN CANDY

LUGGAGE

MISSOURI

MOTEL ROOM

NEAL PAGE

NEW YORK

PARK AVENUE

PICKUP TRUCK

RENTAL
  AGREEMENT

SHOWER
  CURTAIN RINGS

ST LOUIS

STATE TROOPER

STEVE MARTIN

STOLEN MONEY

SUSAN PAGE

THANKSGIVING

THIEF

TICKETS

TRAIN

TRUNK

WALLET

WET TOWELS

WICHITA

Solution on page 154

Pirates of the Caribbean: The Curse of the Black Pearl

```
M R G I B B S O R L A N D O B L O O M L
I C E P P E D Y N N H O J M R H Q D U P
Y C O M P A S S S A Z T E C C O I N S T
C E F D K F N D Y T H G I F D R O W S W
A R F R E K C O L S E N O J Y V A D U W
P U R O I O P W T H G I L N O O M B E S
T S E Y R M F I N T E R C E P T O R S T
A A Y A A G U T R O T R N S B O C D X W
I E R L K Z T R H A K O B Q T P B A R Y
N R U N N P O P P E T N N S I O H U E B
O T S A I E L I Z A B E T H S W A N N L
I D H V G O V E R N O R S W A N N T R A
L V I Y H N H E B Z A O E R D S M L U C
L B L A T A T F V P T D O T O D O E T K
A E L L L X T M B X O O F X H C N S L P
D S I R E Y N I T U M M K W G R K S L E
E R N A Y B L A C K S M I T H D E M I A
M U G P O L P O R T R O Y A L J Y N W R
U C S W O R R A P S K C A J S F F X K L
Y V V A S S O B R A B S W O L L A G P R
```

JOHNNY DEPP
KEIRA KNIGHTLEY
MEDALLION
MONKEY
MOONLIGHT
MR GIBBS
MUTINY
ORLANDO BLOOM
PARLAY
PIRATES
POPPET
PORT ROYAL
ROYAL NAVY
RUM
SAVVY
SHILLINGS
SHIP CREW
SWORD FIGHT
TORTUGA
TREASURE
WILL TURNER

AZTEC COINS
BARBOSSA
BLACK PEARL
BLACKSMITH
BOOTSTRAP BILL
CAPTAIN
CODE OF THE
    BRETHREN

COMMODORE
    NORRINGTON
COMPASS
CORSET
CURSE
DAUNTLESS
DAVY JONES
    LOCKER

ELIZABETH
    SWANN
GALLOWS
GEOFFREY RUSH
GOVERNOR
    SWANN
INTERCEPTOR
JACK SPARROW

Solution on page 155

The Wizard of Oz

```
K G V Q Q I B L O L L I P O P G U I L D
P H S R E P P I L S Y B U R F Q H O L A
F C C O W A R D L Y L I O N R L D G U N
D T C Y H T O R O D B F K L I A Y N S D
W I N G E D M O N K E Y S H N C T J E Q
R W V Q A L Q L H S F J Y R O I I A E P
Y D B Z R O L O S Z X R O U E S C C R Q
R E R J T T M O O T O T R E W U D K T M
O K A T V E R F W R H A M P N M L H E T
K C I T S M O O R B G N I Y L F A A L Q
C I N I A D R Y B E R T L A H R R L P Z
I W C R R Y C O U N T I N G S H E E P V
H K V A F Y R N E H E L C N U B M Y A H
U E Z Y L B I L L Y B U R K E K E Z M J
L I K B W O B N I A R E H T R E V O W S
W J J O I S N I K H C N U M G O R K A W
O O G L I N D A Q M H O U R G L A S S H
O H C G S H F J U D Y G A R L A N D U X
I A N E S U O H M R A F R R N A M N I T
N W O R C E R A C S T T X B K O K I M C
```

APPLE TREES
AUNTIE EM
BERT LAHR
BILLY BURKE
BRAIN
COUNTING SHEEP
COURAGE
COWARDLY LION
DOROTHY
EMERALD CITY
FARMHOUSE
FLYING
   BROOMSTICK
GLINDA
HEART
HICKORY
HOMESICK
HOUR GLASS
HUNK
JACK HALEY
JUDY GARLAND
KANSAS

LOLLIPOP GUILD
MUNCHKINS
MUSICAL
OIL CAN
OVER THE
   RAINBOW
PROFESSOR
   MARVEL

RAY BOLGER
RUBY SLIPPERS
SCARECROW
TINMAN
TORNADO
TOTO
UNCLE HENRY
WICKED WITCH

WINGED
   MONKEYS
WIZARD OF OZ
YELLOW BRICK
   ROAD
ZEKE

Solution on page 155

Wild Hogs

```
N K Q K W M G D U W P N S A S J O F N B
T O S X C O U I O C I X E M W E N R P O
Y E B U A P O R G O L D E N K N I G H T
T F I B M U D D A M I E N B L A D E Y S
U U K Y P A D A Y P J C T S I T N E D R
P E E B I N C M U U M N E L L A M I T E
E L R B N A L E A T H E R J A C K E T S
D L S O G E U F L E D R W F T A T T O O
U I J B M C B A R R M W N M H Y Q C W P
D N A M L O R T A P Y A W H G I H U A I
L E C O L C D L Q R R L M R I F E H T T
E S K T U I C E J O H N T R A V O L T A
Y H B O B F E N E G P I R T D A O R O N
M E L R E I S S E R T T A M R I A W I N
A R A C H C N P F A F R E N I D G X L I
G I D Y T A S O Z M B A N K R U P T Y C
G F E C P P Y C A M H M A I L L I W A N
I F M L A V I T S E F I L I H C N R R I
E L X E L V D M A R I S A T O M E I R C
N Y N S S G O H D L I W S Z O O M G Q V
```

JACK BLADE

JOHN TRAVOLTA

LEATHER JACKETS

MADRID

MAGGIE

MARISA TOMEI

MARTIN LAWRENCE

MOTORCYCLES

NEW MEXICO

PACIFIC OCEAN

POSERS

RAY LIOTTA

ROAD TRIP

SHERIFF

SLAP THE BULL

TATTOO

THE FIRM

TIM ALLEN

WILD HOGS

WILLIAM H MACY

WOODY

AIR MATTRESS

BANKRUPT

BIKERS

BOBBY

CAMPING

CHILI FESTIVAL

CINCINNATI

COMPUTER
  PROGRAMMER

DAMIEN BLADE

DEL FUEGOS

DENTIST

DEPUTY

DINER

DOUG

DUDLEY

FREEDOM

FUEL LINES

GOLDEN KNIGHT

HIGHWAY
  PATROLMAN

Solution on page 155

Six Days Seven Nights

```
Y G X J E K B B M R O B I N M O N R O E
N N W X P K P I E N A L P O G R A C Z F
E I R O J R A M K A Q A C I L E J N A I
D D T M G D G N A I C A J S G E X H M L
D N F R L N T U S G N O D G M C M A S E
M A U J A L I G H T N I N G S T O R M L
U L V G S M K R S Y F I A E G I T R F P
C R G I E P K A T F D E L O F C O I K M
C E H H D R E N I N H O S E R T R S C I
A T W C O S A L A C E W I E I O B O O S
N A E Y H W C L E R A M D D E L O N C R
N W W T I M H H F E F X E Y D I A F A A
O E U D A S E E W G N E T G R P T O E L
N O F I A N C E E I N A R B A S Y R P U
S L T R N H U I L I M H E R D G P D I C
V A C A T I O N Z R M M S C I J N A R O
I T N I N F L A T A B L E B O A T E A N
C Q X D R V G Y L E Q X D R T A H I T I
E S I R R A H N N I U Q C N I P F V E B
N K C O M P L I C A T E D W X A N A X W
```

ANJELICA
ANNE HECHE
BEACON
BIKINI
BINOCULARS
CANNONS
CARGO PLANE
CLIFF
COMPLICATED
CRASH
DAVID SCHWIMMER
DESERTED ISLAND
ENGAGEMENT RING
FIANCEE
FLARE GUN
FRANK MARTIN
FRIED RADIO
HARRISON FORD
INFLATABLE BOAT

LANDING GEAR
LIGHTNING
STORM
MAGAZINE
EDITOR
MAI TAI
MARJORIE
MOTOR BOAT

NEW YORK
OCEAN
PEACOCK
PILOT
PIRATE
QUINN HARRIS
ROBIN MONROE
SAND

SIMPLE LIFE
SNAKE
SOUTH SEAS
TAHITI
VACATION
WATER
LANDING
XANAX

Solution on page 155

CHAPTER 2: And the Oscar Goes to . . .

Forrest Gump

```
F B J Y H T U X W A S H I N G T O N D C
B R E G N I S K L O F H U R R I C A N E
Z Q N U S P R E S I D E N T S W I O U M
F P N C K T H G I R W N I B O R G K O E
A M Y J P E O L P M U G A M A M N N W D
M U C G R P A R K B E N C H S G N G R A
P G U J E F F E R S O N M E M O R I A L
U T R T N A D T N A N E T U E I L D L O
T S R E H T N A P K C A L B V N M E L F
E E A F O O T B A L L D G M R E R D O H
E R N J O B H G N O P G N I P W O N D O
T R E T U P M O C E L P P A L Y D I N N
A O Z B C T A O B P M I R H S E E M O O
G F B L S V H E S I N I S Y R A G E I R
R A T N K C H U R C H C H O I R E L L E
E W U Z F C D L E I F Y L L A S L P L H
T C P O T S S U B E C A R B G E L M I T
A E X W C F R A W M A N T E I V O I M A
W O H S K L A T O M H A N K S E C S D E
B E I P P I H A M A B A L A X F K I N F
```

MILLION DOLLAR
   WOUND
NEW YEARS EVE
PARK BENCH
PEAS AND CARROTS
PING PONG
ROBIN WRIGHT
SALLY FIELD
SHRIMP BOAT
SIMPLE MINDED
TALK SHOW
TOM HANKS
TREE
US PRESIDENTS
VIETNAM WAR
WASHINGTON DC
WATERGATE

ALABAMA
AMPUTEE
APPLE COMPUTER
BLACK PANTHERS
BOX OF
   CHOCOLATES
BUBBA
BUS STOP

CHURCH CHOIR
COLLEGE DORM
FEATHER
FOLK SINGER
FOOTBALL
FORREST GUMP
GARY SINISE
HIPPIE

HURRICANE
JEFFERSON
   MEMORIAL
JENNY CURRAN
LEG BRACE
LIEUTENANT DAN
MAMA GUMP
MEDAL OF HONOR

Solution on page 156

Casablanca

```
Y F W E F R U C A S A B L A N C A P P C
N H C P C P R A I L W A Y S T A T I O N
O O A A K J L P S E I R M R C N H Y A U
I S S U R C R T A T V Z A H P S W M I F
T M I L O G M A S O I G A I D C R O R U
P V N H I K C I I H O M A N D E L E O Q
U Q O E L W D N V B P N E A G Z E W U U
R L J N O L Y R Y A O I M G S D P A L E
R S I R A P D E G P R N A A O T R G E O
O I L E I U R N L F W G L M E E I E T O
C T S I R H E A L O Y R F G N K S R T E
C J A D P F Y U R G O I D T I C O B E J
O Y L M O E F L F T G D L J A O N S Y Q
R N U G R I D T C H L B O P L P E M P G
O H N X T W W I T U N E E A B K R S O D
M C D U A Z V E T E K R A M K C A L B S
G M A R X O R R E F U G E E C I R L V F
S E T T E R A G I C F M B M I P J M L B
B W N I G H T C L U B A O G R R Y S G M
O E V U G D O C U M E N T S F G I X J X
```

AIRPORT

ALCOHOL

AS TIME GOES BY

BAR

BEAUTIFUL
    FRIENDSHIP

BLACK MARKET

CAPTAIN RENAULT

CASABLANCA

CASINO

CHAMPAGNE

CIGARETTES

CORRUPTION

CURFEW

DOCUMENTS

DOOLEY WILSON

ESCAPE

FOG

FREEDOM FIGHTER

GERMAN

HOTEL

HUMPHREY
    BOGART

ILSA LUND

INGRID BERGMAN

MOROCCO

NAZI

NIGHTCLUB

OLD FLAME

PARIS

PAUL HENREID

PIANO PLAYER

PICKPOCKET

PRISONER

RAILWAY STATION

REFUGEE

RICK BLAINE

ROULETTE

SAM

VICTOR LASZLO

VISAS

WAGER

WORLD WAR
    TWO

Solution on page 156

Chicago

```
I X T S R E H P A R G O T O H P G N Y M
Y R S S E N I S U B W O H S F K O W A A
S E N O J A T E Z E N I R E H T A C L R
Y P O R T H H K R J O H N C R E I L L Y
T A I O Q P D I A R Y O H O M E T E A S
I P S U F O T W E L S I M U L H A E W U
C S S Q Z L V T E I C A R Z A P Y M F N
I W E I U L A S R A M D Z T I U E Y C S
L E F L D E A P G A E A J O R P D L H H
B N N X H C E O M R D A Z N T P I L O I
U N O T D R E N E E Z E L L W E G E R N
P Y C E J M O G L Z F Y V V K T G K U E
A L R U A R D Z L A C I S U M M S A S I
M F R F T R Z N O I T I D U A A N M G U
O Y A A A D O M I N I C W E S T L I L
S L M H R L A D N A C S F N E T W E R Y
H L C W T G N I C N A D P A T E G V L C
A I B U L C T H G I N D C M H R M M S U
R B A N D L E A D E R O X I E H A R T L
T S L A V I R E L L I V E D U A V J X K
```

ALL THAT JAZZ

AMOS HART

AUDITION

BANDLEADER

BILLY FLYNN

CATHERINE
 ZETA JONES

CHICAGO

CHORUS GIRLS

CONFESSION

DIARY

DOMINIC WEST

FAME

FRED CASELY

JOHN C REILLY

LIQUOR

LUCY LUI

MARY SUNSHINE

MATRON MAMA

 MORTON

MR CELLOPHANE

MURDER

MUSICAL

NEWSPAPER

NIGHTCLUB

PERJURY

PHOTOGRAPHERS

PRISON

PUBLICITY

PUPPET MASTER

QUEEN LATIFAH

RAZZLE DAZZLE

RENEE ZELLWEGER

RICHARD GERE

RIVALS

ROXIE HART

SCANDAL

SHOW BUSINESS

TAP DANCING

TAYE DIGGS

THEATER

TRIAL

VAUDEVILLE

VELMA KELLY

Solution on page 156

The Godfather

```
S X D T B B S Y U E N Y W E N X F J I U
X Z R E R S O A O E H D Q C J Z T A A X
V F A V O R G A N I Z E D C R I M E G X
Y J N B N O T A E K E N A I D F Q V G D
L C B P X N U G Y M M O T B E E Y T Q D
I O Q I G G E G J A M E S C A A N A M X
M S T C I V N O C S H L C G W J P L U P
A F D O N V I T O C O R L E O N E I R X
F I T B M O B R A C H O R S E H E A D U
Y P F C A T H O L I C C H U R C H S E Y
L A Y A R T E B K O O L E V I M A H R T
A S V S M O D E R F N E A L P A C I N O
T W M S Y O F R O D N A R B N O L R A M
I H N A A R U T Y Z I H T Y N F A E M H
P X M S D P S D W I E C A M B U S H T A
S G R S T A Z U E O R I T M A Q V R I G
O H Q I L D Y V N T I M T O F F E R H E
H S O N N Y A A B W Z A A C Y W G T Q N
G N I D D E W L K W Z P C L O Y A L T Y
K K E Z L K Y L I C I S K P T F S C W Y
```

AL PACINO

AMBUSH

ASSASSIN

BETRAYAL

BRONX

CAR BOMB

CATHOLIC CHURCH

CONNIE RIZZI

CONVICTS

CORRUPTION

DIANE KEATON

DON VITO
    CORLEONE

FAMILY

FAVOR

FREDO

HEART ATTACK

HITMAN

HORSE HEAD

HOSPITAL

ITALY

JAMES CAAN

KAY ADAMS

LAS VEGAS

LOYALTY

MAFIA

MARLON
    BRANDO

MICHAEL
    CORLEONE

MOB BOSS

MURDER

NEW YORK

OFFER

ORGANIZED
    CRIME

POWER

ROBERT DUVALL

SICILY

SONNY

TALIA SHIRE

TOM HAGEN

TOMMY GUN

WEDDING

Solution on page 156

Gone with the Wind

```
L M S A V A N N A H E G A X M F Y M K V
I Z N F X S H O R S E S Y A E A A F I Y
N C I I O L C I I O D M C I B R M V N S
W O A D D A I M R T R L H A R Z I M T S
P T T D Q V P G K A A C T I E E J U Y I
C T R L X I E X N R R T A W N Z A R A R
H O U E I R X O K E L G S L T R E S V P
A N C D E M I G K E E N E Y T V A F N S
R F L E I N A D C M E I T T A H S G I O
L I V E U B N H E L G N A L R W H L A U
E E D D L A J W E H S R S E L S L L T T
S L L E H S N J X I L U O S E R E I P H
T D G E O R G I A E N B A T T E Y M A E
O S C A R L E T T O H A R A O I W R C R
N S R E I D L O S D T T L T N L I E E N
N O I T A T N A L P F N T E M A L B E B
F I E E T W E L V E O A K S M V K M K E
D R A W O H E I L S E L N S C A E U N L
H D W L R E L T U B T T E H R C S L A L
H T R I B D L I H C R A W L I V I C Y E
```

ASHLEY WILKES
ATLANTA
 BURNING
BATTLE
BRENT TARLETON
CAVALIERS
CHARLESTON
CHILDBIRTH

CIVIL WAR
CLARK GABLE
COTTON FIELDS
CURTAINS
EPIC
ESTATE
FIDDLE DEE DEE
GEORGE REEVES

GEORGIA
HANDKERCHIEF
HATTIE MCDANIEL
HORSES
LESLIE HOWARD
LUMBER MILL
MAMMY
MARRIAGE

MELANIE HAMILTON
PLANTATION
PRISSY
RAILWAY STATION
RHETT BUTLER
RIVALS
SAVANNAH
SCARLETT OHARA
SLAVERY
SOLDIERS
SOUTHERN BELLE
STUART TARLETON
TWELVE OAKS
UNION ARMY
VIVIEN LEIGH
YANKEE CAPTAIN

Solution on page 156

Million Dollar Baby

```
C W E S W E L F A R E L C F S F A A I T
M H J S Y L Q V E M A N K C I N U M P V
Y C C E P R I E S T N A P E R G Z P N W
D L A R E G Z T I F E I G G A M H U L S
A I L T A H V P W S P Z C P K F F T L T
R N O I H B S H E N I L A N E R D A E B
L T F A M O R G A N F R E E M A N T T R
I E W W H K L E N Q U S P H I N M I T O
N A B E B O R I G Q A U I U S K O O E K
G S M C A L H A C N N L I O D I C N R E
M T A N G A D D P C A G R E N E U B S N
Y W S A N S L T H R H D L N U D I C N N
B O S L I V U I Y G E U V I O U S D Y O
L O E U X E N S U R R L R H R N H X D S
O D V B O G W O E E D Q I C X N L E P E
O W O M B A T G N O I P M A H C E J G Q
D S L A N S A O D E N G V M R Q J W P I
S S G K I N O I T C E T O R P T K G J G
R E N I A R T V J D R S B I R T H D A Y
V U Q M M W F R W N O I T A T S S A G M
```

ADRENALINE
AIR MACHINE
AMBULANCE
AMPUTATION
BIRTHDAY
BOSS
BOXING
BROKEN NOSE
CATHOLIC CHURCH
CHAMPION
CLINT EASTWOOD
DANGER BARCH
DINER
EDDIE DUPRIS
FIGHTER
FRANKIE DUNN
GAS STATION
GLOVES
GYM
HILARY SWANK
HOSPITAL
LAS VEGAS
LETTERS
MAGGIE
FITZGERALD
MANAGER
MASS
MO CUISHLE
MORGAN
FREEMAN
MY DARLING
MY BLOOD
NICKNAME
ONE RULE
PRIEST
PROTECTION
PUNCHING BAG
ROBE
ROUNDS
TOUGH
TRAILER PARK
TRAINER
WAITRESS
WELFARE

Solution on page 156

The Sting

```
H H S L L I K S F G P M D N N F H F H B
O R N C R A X F H T R B M U G G I N G O
H B G P H X P G N C A R D P L A Y I N G
P A U L N E W M A N P C C P O N P O I A
O R J W E S M U M M Q L L H N G I V T C
L B J X A M T E E T B O E D I S C S A I
I E T O N H I P L R H L R H S T K N E H
C R R C H M S R O O H O I E A E P A H C
E S A A O N K T C J F L R N C R O G C H
T H I R J N N L R D L P A R G P C E B A
G O N O M E A Y E E E T N Y M V K N U S
E P S U M I B R H D B Z H G A K E N T E
S R T S K A T T O R O I O F R T O H H
I E A E X R O A U I O C R N I U T L T K
M T T L E R E I L A S K P D A F N E A N
U F I B B R T F A V J T E O A G Q L B D
R I O N G S S E C A R E S R O H R Y W M
D R N K I Z C O U N T E R F E I T O N E
E G N E V E R E K O P T B F P Y O D K P
R Z H K I S R R F S M L W O P T L C X N
```

HORSE RACES
JOHNNY HOOKER
LUTHER COLEMAN
MAFIA
MENTOR
MUGGING
MURDER
ORGANIZED CRIME
PAUL NEWMAN
PICKPOCKET

ALCOHOL	CASINO	GAMBLING	POKER
BANK	CHASE	GANGSTER	POLICE
BARBERSHOP	CHEATING	GREAT	REVENGE
BATHTUB	CHICAGO	DEPRESSION	ROBERT REDFORD
BETRAYAL	CON ARTISTS	GRIFTER	ROBERT SHAW
BROTHEL	COUNTERFEIT	HEIST	SCHEME
CARD PLAYING	DOYLE	HENRY	SKILLS
CAROUSEL	LONNEGAN	GONDORFF	TRAIN STATION

Solution on page 157

American Beauty

```
P R G G U G X E O R D I N A R Y M M N A
M E N A S U V A R I C K Y F I T T S N B
A T J B R M B G N Y L O R A C H R N U L
L S S C Q D Y N A S E Y A H A L E G N A
A E X I U S E I Y F G D N A N T D E O C
V L W T I R C N H R N E F R T R R W I K
A R E S T O A I I A A P A E S T O X S M
L I S A T B P A C N R R B M I H S E S A
A G B L I H S R O K G E K A S O E S E I
K L E P N G N T L F N S R C I R P U S L
E O N Z G I I T O I I S H O R A E B B O
G O T X J E V H N T T I N E C B T U O T
A H L P O N E G E T O O V D E I A R O S
R C E Y B O K I L S O N W I F R L B G I
A S Y T R A G E D Y H Q R V I C S S Q P
G H Q C J F L W S S S W L E L H S U R C
N G T X E U C H E E R L E A D E R U E Y
A I V X R N X R E P O O C S I R H C G Y
T H R I R S A E U X N X R U M P U S A H
L D P E C K X J F F A V F B G W S M P J
```

ANGELA HAYES

ANNETTE BENING

BLACKMAIL

CAROLYN

CHEERLEADER

CHRIS COOPER

COLONEL

CRUSH

DEPRESSION

DINNER TABLE

FRANK FITTS

GARAGE

GARDENING SHEERS

HIGH SCHOOL

I RULE

JANE

KEVIN SPACEY

LAVA LAMP

LESTER

MENA SUVARI

MIDLIFE CRISIS

MURDER

NEIGHBORS

OBSESSION

ORDINARY

PAGER

PISTOL

PLASTIC BAG

QUITTING JOB

RED ROSE

PETALS

RICKY FITTS

SHOOTING

RANGE

SUBURBS

THORA BIRCH

TRAGEDY

VIDEO CAMERA

WEIGHT TRAINING

WES BENTLEY

Solution on page 157

Lawrence of Arabia

```
T P Y G E R E P O R T E R C A S S A M Y
N E M N Y E C Q W Q E X P L O S I O N C
A T P I M V X U D V A O P L L A T X U S
F E R T J B R I T I S H C O L O N I A L
S R I O G U E R R I L L A A R M Y U E W
Q O N O I T U C E X E G N C M N D C S Y
W T C L I E U C S E R T Y J M I N A H Y
Z O E I X K D Y E P H C D I A E B E E R
B O F U S R X P D O L M L R R O I M I A
A L E C G U I N N E S S A W T N L Y K T
T E I E E U I Y A T U B A A D U A T R I
T F S R R Q Q C I M I L G L V G F A A L
L D A U E U C A B A E E O W U E I E I I
E S L T I I V M A T M N S M Y N R R D M
E O G N D C W O R L D W A R W I E T S G
F Z N E L K A L A O O L L R F H H W J Z
T B N V O S P P N R S A E P T C S L Q K
C T F D S A M I D I V C M C N A X J K R
X U K A R N G D K A K A A X H M V R J V
P R N U Q D K C C C C K C R U G D S Q Q
```

ADVENTURE
ALEC GUINNESS
ANTHONY QUINN
ARABIAN DESERT
AUDA ABU TAYI
BATTLE
BRITISH
COLONIAL

CAIRO
CAMEL
CAMPFIRE
CAVALRY
DIPLOMACY
EGYPT
EXECUTION
EXPLOSION

GUERRILLA
ARMY
ISLAM
LONDON
LOOTING
MACHINE GUN
MASSACRE
MILITARY

MOTORCYCLE
ACCIDENT
MUSLIM
QUICKSAND
PETER OTOOLE
PRINCE FEISAL
RAIDS
REPORTER
RESCUE
SABOTAGE
SAUDI ARABIA
SHEIK
SHERIF ALI
SOLDIER
SWORD
TE LAWRENCE
TRAIN WRECK
TREATY
WORLD WAR

Solution on page 157

Braveheart

```
V E B M T A E E T E I L S D R A U G I Y
V R D T P D D E Z S D M S A E L C N U Y
N U Y E L A V E I D E M M P S V P I Y B
H T S N S O S P R G R R S R F C R L U W
E R C O K E V A N L Z X O C N A I R B V
U O O S Y L W E A D F I P F A L N E U L
G T T B G D V Y R O R E H T M V C T H J
G F L I E E A O Q R A P I Y E A E S L Y
A U A G R R W C A M P B E L L R S S Z C
U V N L T S T W G X J B M L B Y S J G D
D I D E K L I T E L T T A B O I I K C W
K M B M N I J O H Z Z W R F N N S W H R
A C A T H E R I N E M C C O R M A C K R
N H A L F K H K K A B E E A V E B L R H
G O A X C R S E I Z P R A D S P E A R S
U R R N Q O I L P Z C O U W K T L D P U
T S A R G Y L E W A L L A C E V L M O B
S E U D U I G M N O I T U C E X E E W M
G S I H W M N M M N D K G T R M G G A A
B E F T Y D E G A R T C S R I X F O S E
```

AMBUSH
ARGYLE
  WALLACE
BATTLE
BETRAYAL
BRIAN COX
CALVARY
CAMPBELL
CASTLE
CATHERINE
  MCCORMACK
ELDERSLIE
ENGLISH
EXECUTION
FALKIRK
FOREST
FREEDOM
GUARDS
HANGING

HERO
HORSES
KING EDWARD
MALCOLM
MEDIEVAL
MEL GIBSON
MURRON
NOBLEMAN

PRINCESS
  ISABELLE
REVENGE
REVOLT
ROBERT THE
  BRUCE
SCOTLAND
SOPHIE MARCEAU

SPEARS
STERLING SWORD
TORTURE
TRAGEDY
UNCLE
WARRIOR
WILLIAM WALLACE
YORK

Solution on page 157

CHAPTER 3: A Little Romance

The Notebook

```
X O B L I A M H O N A I P B T H N K D E
J P R M Z F U G U D T N C G C C O N L X
A L Z H E I M E R S E K A C N A P A J C
M L A C I N O M R A H R E T N E P R A C
E T L N U R S I N G H O M E R B K F M A
S L W I I V U S D E L Y B I C Y C L E R
G E G Y E L T O V D R A P E H S M A S N
A E N C H H O P O R C H S W I N G I M I
R H N O I T A R O T S E R E S U O H A V
N W R A A N S M A D A C M L E H C A R A
E S P R R H G N I C N A D T E E R T S L
R I F P O O C O L L H C N X K T F N D P
O R K Z V B W A L E T T E R S I I E E A
W R E M M U S L L T C O U X B R R M N I
B E X V R E C N A H C D N O C E S E U N
O F D N O M M A H N O L Y C S S T G R T
A L U M B E R Y A R D U K E W W L A S I
T C B U M P E R C A R S N O M I O G E N
U D C G N I L S O G N A Y R Q N V N S G
I T F I W U K O O B E T O N F G E E S E
```

NOAH CALHOUN
NOTEBOOK
NURSE
NURSING HOME
PAINTING
PANCAKES
PIANO
PORCH SWING
RACHEL MCADAMS

ALLIE HAMILTON
ALZHEIMERS
BEACH
BICYCLE
BUMPER CARS
CARNIVAL
CARPENTER
DUKE

ENGAGEMENT
FERRISWHEEL
FIN
FIRST LOVE
FRANK
GEESE
GENA ROWLANDS
HARMONICA

HOUSE
RESTORATION
JAMES GARNER
JAMES MARSDEN
LETTERS
LON HAMMOND
LUMBERYARD
MAILBOX

ROWBOAT
RYAN GOSLING
SAM SHEPARD
SECOND CHANCE
SOUTH CAROLINA
STREET DANCING
SUMMER
TIRE SWING

Solution on page 158

From Here to Eternity

```
X M O M O U O B J W B D S B E A C H N J
M A R T I N I L N G C F R E K E I S A C
C W O F H L D A E C O N F E R E N C E S
B O X I N G I I D P I N Q N U G K M Y N
S L A L G U A T R J X W E Z B W E Z I S
Y K D C R G F R A N K S I N A T R A F S
K O E Y Z M A A W R T Q S R M S T S N Z
X N R R S I G M N B Y M D A L P D L P T
D F T E N N P T O H D E E R A N N O D W
X J H M T X U R T L N G Y C U A L R O W
H K G O A S G U L S E M L O H N E R A K
Y O I G I N A O I H R G W Y K A L E F E
V F E T I T L C M A O O N U T D S K N S
L F W N Z R C I N W Y D A A W B O H Z K
J I E O D R O B R A H L R A E P L A W C
B C L M D H H L N I L S R A F U D R G A
G E D A K C O T S I P T W V N T I O F R
V R D T A B L T T I W E R P T R E B O R
H S I L Z K I P H O G T V U U X R E S A
G P M D T Q O S S W I T C H B L A D E B
```

ALCOHOL
ALMA BURKE
ARMY
ANGELO MAGGIO
AWOL
BARRACKS
BEACH
BOXING
BURT LANCASTER
CAPTAIN
CONFERENCE
COURT MARTIAL

DEBORAH KERR
DONNA REED
ERNEST
BORGNINE
FRANK SINATRA
HAWAII
JACK WARDEN
KAREN HOLMES

MARTINI
MIDDLEWEIGHT
MILITARY
MILTON WARDEN
MONTGOMERY
CLIFT
OFFICER
PEARL HARBOR

ROBERT PREWITT
SERGEANT
SHIP
SOLDIER
STOCKADE
SWITCHBLADE
WORLD WAR TWO
WOUND

Solution on page 158

An Affair to Remember

```
H C V N E Q A P A I N T I N G O R D T D
A S Q U M E P E G A N A H P R O O U L L
E U R O P E W I H O S P I T A L M V M J
L G V P I N K C H A M P A G N E A S L B
Y W O A R L D J Y S A C C I D E N T R T
E E L K E Y O B Y A L P G E M G C R E B
P A L T S T T I C N X H J I O L E V U R
H L E D T W X I S I T T B J T K O C N D
O T H E A T E R C C G J N L H L A B I M
T H L O T R M Y L K L A N A E C O S O K
O Y F T E X B U M I R A R U R P U E N K
G F W L B E B H Q E M O R E R G A C E Q
R I T O U S F D T F B T Y K T S Y H I T
A A X R I A H C L E E H W W E T Q R C B
P N N N L L W R D R N E V A E H E I A A
H C G Q D M I U Z R M N N I D N N S Y C
E E Q T I F B I K A N W E I V R E T N I
R E D M N S M S U N R S O K M H V M B X
E N G A G E M E N T E R R Y M C K A Y A
V Y T A U R T E L E G R A M B T G S D T
```

ACCIDENT

CARY GRANT

CHAPEL

CHRISTMAS

CIGARETTES

CRUISE

DEBORAH
KERR

EMPIRE STATE
BUILDING

ENGAGEMENT

EUROPE

GRANDMOTHER

HEAVEN

HELLO

HOSPITAL

INTERVIEW

KENNETH
BRADLEY

LOIS CLARK

NEW YORK CITY

NICKIE FERRANTE

NIGHT CLUB

SINGER

OCEAN

ORPHANAGE

PAINTING

PHOTOGRAPHER

PINK CHAMPAGNE

PLAYBOY

REUNION

ROMANCE

SHIP

TELEGRAM

TERRY MCKAY

TAXI CAB

THEATER

TRUE LOVE

WEALTHY FIANCEE

WHEELCHAIR

Solution on page 158

P.S. I Love You

```
S M A I L L I W R O W B O A T W I D O W
I R L A R E N U F P R E G N A N C Y Y I
B X E K T K N S H O E D E S I G N E R S
J E A T E S O N N E K O R B R A T I U G
H Y T E T F V N C E N T R A L P A R K E
A Y H T N E M T R A P A Y A D H T R I B
N D E T E F L K A R A O K E C N A M O R
G E R A R D B U T L E R E D N E T R A B
O N J P J H A R R Y C O N N I C K J R K
V N A E X S E V J L E I N A D N J C N P
E E C R S I N G I N G T E L E G R A M D
R K K E J E G S D S W S D W K H W E S N
O Y E C S T A D I U M Z Y F A S M F H A
T L T O P K G P S I L O V E Y O U V A L
L L Y R U B E D H D R Z V R R K Z N R E
A O O D H A M E G K B R A I N T U M O R
E H R E F H E H C E L L E G E K D D N I
R O G R D E N I S E I S N F I S H I N G
W A I C I R T A P H S R E D N E P S U S
S E T A B Y H T A K A E R B T R A E H X
```

APARTMENT

BARTENDER

BETTE DAVIS MOVIES

BIRTHDAY

BRAIN TUMOR

BROKEN NOSE

CENTRAL PARK

DANIEL

DENISE

ENGAGEMENT

FISHING

FUNERAL

GERARD BUTLER

GERRY KENNEDY

GUITAR

HANGOVER

HARRY CONNICK JR

HEARTBREAK

HILARY SWANK

HOLLY KENNEDY

IRELAND

KARAOKE

KATHY BATES

LEATHER JACKET

LETTERS

LISA KUDROW

MEMORIES

NEW YORK CITY

PATRICIA

PREGNANCY

PS I LOVE YOU

REALTOR

ROMANCE

ROWBOAT

SHARON

SHOE DESIGNER

SINGING

TELEGRAM

STADIUM

SUSPENDERS

TAPE RECORDER

WIDOW

WILLIAM

Solution on page 158

Ghost

```
L U V M D O E X S B E T R A Y A L L E Y
H G Y M F X X M U L Q T E B R X F G J O
C U R O A Z K P B G N O N R E D R U M V
I Y E R O O M I M E D X U Q B E W D G I
H V T C G Z S Q V A Z E R U B J O S Q J
C M T Q N I P A M V H Z B D O D M U O S
Y J O B V A E A T B T P L U R L U P L I
S T P N G H E U T C H O R E Y S G E O R
P N I S E B B S W R G L A U M L G R M G
I P Y C R Y Z O K I I I C T S E I N O T
R E A O K I E X P T E C E A D D N A L E
I N W U Z R P O X I E E K T R G G T L Z
T N B O U V O D A C H S X S O E C U Y D
H Y U C T H L Y S S T T J A W H B R J I
E D S T W T E K W N Y A G M S A T A E H
A Z A H F R I B P E R T H W S M Y L N G
T O N Y G O L D W Y N I B H A M N Z S K
E B L O S T L O V E E O U E P E E U E L
R S Q J G B I J Q O H N R A M R V H N H
G V S M X U W A C C O U N T S O H G Y S
```

ACCOUNTS
ALLEY
BANK
BETRAYAL
CARL BRUNER
CRITICS
DEMI MOORE
DITTO

EMBEZZLEMENT
GHOST
HEAVEN
HENRY THE
   EIGHTH
INVISIBLE
LOFT
LOST LOVE

MOLLY JENSEN
MONEY
MUGGING
MURDER
NUNS
ODA MAE BROWN
PASSWORDS
POTTERY

NEW YORK CITY
PATRICK SWAYZE
PENNY
POLICE STATION
PSYCHIC
ROBBERY
SAM WHEAT
SEANCE
SLEDGEHAMMER
SPIRIT
STATUE
SUBWAY
SUPERNATURAL
THEATER
TONY GOLDWYN
WHOOPI GOLDBERG
WILLIE LOPEZ

Solution on page 158

Pretty Woman

```
E S U O H T N E P E R O T A V E L E S J
T L U C M C H A M P A G N E L A W Y E R
E L A T Y R I A F G C L I M O U S I N E
N I P Y T E F A S N S G N I P P O H S N
G E X G E N A L P E T A V I R P C S H N
A I V K B K E D W A R D L E W I S E S I
M D I M L U C C A T O P E R A R I I J D
M A V E O S T U A T P X C E B G C R S S
U N I S N N T H T L S Y H D E H N R S S
B A A R D P E R T S K R O G V F A E O E
N N N O E X S Y E A P C T O E W R B L N
O A W M W U C J S B B I E W R D F W F I
O B A S I Q O W T J O V L N L T N A L S
C E R E G D R A H C I R M I Y X A R A U
Y U D M K I T D E L U C A W H B S T T B
T L B A L C O N Y R C T N I I P U S N A
T B L J Y Q O D Q H K R A W L V Q R E R
P P P O L O M A T C H Q G T L U V D D N
A H O L L Y W O O D O P E A S P J P T E
V Z T O G R A C S E V I R D O E D O R Y
```

BALCONY

BARNEY

BATHTUB

BEVERLY HILLS

BLONDE WIG

BLUE BANANA

BUM MAGNET

BUSINESS DINNER

CHAMPAGNE	HOLLYWOOD	OPERA	RUBY NECKLACE
COCKTAIL DRESS	HOTEL MANAGER	PENTHOUSE	SAFETY PIN
DENTAL FLOSS	JAMES MORSE	PHILIP STUCKEY	SAN FRANCISCO
EDWARD LEWIS	JULIA ROBERTS	POLO MATCH	SHOPPING
ELEVATOR	KIT DE LUCA	PRIVATE PLANE	SPORTS CAR
ESCARGOT	LAWYER	RED GOWN	STRAWBERRIES
ESCORT	LIMOUSINE	RICHARD GERE	TYCOON
FAIRY TALE	MONEY	RODEO DRIVE	VIVIAN WARD

Solution on page 158

Roman Holiday

```
P B G F X A E U T A T S Y Y E K F D N P
M A N Y W S T U H N G Y I P D V G H R C
W R L B T F Y V R F H I Y Z N R E R U S
A W P A M S M O H O K R Y Z E V Y S B E
C B G N C Q M R E H P A R G O T O H P S
L N E G Y E L D A R B E O J U D S R E A
P I F N N I R V I N G R A D O V I C H M
D G U N C O U N T R Y G G H O N N W Y A
R H V O K H C G X P O H F I G E E Z E J
U T F L M E S R E T R O P E R I U R R A
H G M A S O K C U R T Y R E V I L E D P
I O J S M I K G O Q M E F R C J T E U A
G W A R O B A Y D U B N E G M L V P A R
H N I I H G A M E E O T O H N I Q K V T
N T R A A L T S L C N H R O T I D E J M
E Y P H T G S L S I D E W A L K C A F E
S Z O Y P O I S R A Y A D I L O H N D N
S Y R B L O E F A S D E M B A S S Y A T
D N T O U R Y T E I S O P E Q V T A B D
G S C S P K B N Z V Q I R M B W F G J V
```

PRESS CONFERENCE
PRINCESS ANN
REBELLIOUS

AIRPORT	DELIVERY TRUCK	HOLIDAY	REPORTER
AMBASSADOR	DUTY	INTERVIEW	RINGER
APARTMENT	EDITOR	IRVING RADOVICH	ROME
AUDREY HEPBURN	EMBASSY	JOE BRADLEY	ROYALTY
BENCH	EUROPE	NIGHT GOWN	SEDATIVE
COLOSSEUM	GREGORY PECK	PAJAMAS	SIDEWALK CAFE
COUNTRY	HAIR SALON	PALACE	STATUE
DANCING	HIGHNESS	PHOTOGRAPHER	VESPA

Solution on page 159

Love Story

```
E M C B N X C Z W E B U W D K Y R O B D
K V C H L U N I V E R S I T Y Y F O G F
T E L I E L Y L L Y I G R L C H S J J E
P P U O N I A C C O L L E G E T P E T E
W I O G O T R B O L H U L F O L Q N D F
S V U K I H E V T L K T L N L A T N E F
W U M P T G C T T E R R A B R E V I L O
I R S M A I I S M G U L V C O W X F B C
O O U C U F T I W N U Q A R B A R E I Z
H O F W D H A R V A R D C W Q B T R T L
O M I D A A L K Q W L M L A Y D G C R I
C M O O R R E K C O L T I C R E M A E O
K A A C G P G T E N I V H A I R R V V N
E T F T U S W C A S W F P Z S M S A N G
Y E V O L I B R A R Y A N O N E A L O S
K N I R E C I S U M L A C I S S A L C H
N S Y T L H B I X M I B L E A C H E R S
B W W I D O W E R D M L F A T H E R H C
X W E O P R O P O S A L A W E D D I N G
F L T N E D U T S B F E C U X Z D X Q Y
```

ALI MACGRAW
BLEACHERS
BOAT
BOSTON
CATHOLIC
CLASSICAL MUSIC
COFFEE
COLLEGE
CONVERTIBLE
DOCTOR
FAMILY WILL
FATHER
FIGHT
GRADUATION
HARPSICHORD
HARVARD
HOCKEY

HOSPITAL
ICE RINK
JENNIFER
CAVALLERI
LAW SCHOOL
LAWYER
LEUKEMIA
LIBRARY

LOCKER ROOM
LOVE
MUSIC
OLIVER BARRETT
PHIL CAVALLERI
PROPOSAL
RACQUETBALL
RECITAL

ROOMMATE
RYAN ONEAL
SNOW ANGEL
STUDENT
UNIVERSITY
WEALTHY
WEDDING
WIDOWER

Solution on page 159

Say Anything . . .

```
V X R G R Q M L I L I T A Y L O R I N G
J P X O W S W S Z J O H N M A H O N E Y
M C T D E Y E V G G M N V C O L L E G E
M E N G L A N D R E D R O C E R E P A T
F Y R E T T E L E Z S S J M X O S R S A
F K E T V A L E D I C T O R I A N I A D
A S L O O H C S H G I H M T F J U S N D
C E B I R S A G E N T V R D R T O O D N
J N O R Y A J O H N C U S A C K C N S O
S O D O O L F Y E R O C U N P W E S I C
Q I D H S K Y M E C N A T S N O C C P E
U T Y Y E T E T E E N A G E R S N H A S
A A O Q Y R G N I X O B K C I K A O R U
W U L E I P A O G T A X F R A U D L T R
P D L T S I R E R L E N A L P R I A Y P
R A E N D I T R S J A M E S C O U R T Z
Y R O T S S S E C C U S T A E R G S M D
I G K Z L N O T G N I H S A W A K H A H
Y X R V Q K B S E H T F I H S K C I T S
V I B O O M B O X R D B R E A K U P G Z
```

LLOYD DOBLER
PARTY
PEN
PRISON
RETIREMENT HOME
RING
SCHOLARSHIP
SEATTLE
SECOND DATE
SISTER
STEREO
STICK SHIFT
TAPE RECORDER
TAX FRAUD
TEENAGERS
VALEDICTORIAN
WASHINGTON

AIRPLANE
BOOM BOX
BREAK UP
BROKEN GLASS
COLLEGE
CONSTANCE
COREY FLOOD
DIANE COURT

ENGLAND
GAS AND SIP
GRADUATION
GREAT SUCCESS
  STORY
GUIDANCE
  COUNSELOR
HIGH SCHOOL

IONE SKYE
IRS AGENT
JAMES COURT
JOHN CUSACK
JOHN MAHONEY
KICKBOXING
LETTER
LILI TAYLOR

Solution on page 159

Up Close and Personal

```
J W A Z X M X Y P Y M Z N E W S V A N W
S E M L K M X K O M M M W F P S X S O B
D A D I R O L F J C Y Z F B O S S M I H
W T Q M X W A R R E N J U S T I C E T O
S H L U A N N E E A N C H O R M A N O S
Q E T X R R O F Y T K O O O K A B T M T
C R S X J O R F H Y A B H T T I Q O O A
B G I P O V B I T H A W X P C M V R R G
A I L R A A D E A U D I T I O N T A P E
I R A I N I R F R G T U H A I R C U T B
H L N S N R C P G T E E G S Y K C M L O
P L R O A P A E C K R D L M C L P I D R
L J U N K O M L M D E E F E V I L H M D
E X O R E R E L A S Q L D R V O M A B R
D V J A N T R E I O V U X F P I D J T A
A G N I N N A H C D R A K C O T S U F W
L K Y D E Y M C R L C W S T O R Y I L W
I V X T L Z A I A Y P C Y Z A S D A O E
H Q O V L G N M M G N E D J A C K S O N
P G Z B Y R A T E R C E S S E C C U S S
```

AIRPORT
ANCHORMAN
AUDITION TAPE
BOOTS
BOSS
BUCKY TERRANOVA
CAMERA MAN
FLORIDA
HAIR CUT
HOSTAGE
JOANNA KENNELLY
JOURNALIST
LIVE FEED
LUANNE

MARCIA
  MCGRATH
MARRIAGE
MENTOR
MIAMI
MICHELLE
  PFEIFFER
MICROPHONE

NED JACKSON
NEW WARDROBE
NEWS VAN
PHILADELPHIA
PRISON RAID
PROMOTION
ROBERT REDFORD
SECRETARY

STOCKARD
  CHANNING
STORY
SUCCESS
TALLY ATWATER
TELEVISION
WARREN JUSTICE
WEATHER GIRL

Solution on page 159

CHAPTER 4: Family Fun

Charlie and the Chocolate Factory

```
S N A E B A O C O C A B B A G E S O U P
Q O S H O E S H I N E S T A N D F G A G
D E N T I S T E L E P O R T E R R A W L
M F Y X G S S A R G E L B A T A E R E R
L L N R O T A V E L E S S A L G D B Z E
O O Q J L D G R A N D P A J O E D A I L
O S T U D A K N O W Y L L I W R I G R B
L S E I E T A L O C O H C O P U E E P M
P E L C N T E K C U B E I L R A H C L U
A N E I T H M I K E T E A V E E I H A M
L I V N I S T N E R A P B G P B G U I R
A S I G C R E L L U P Y F F A T H T C S
N U S R K Y D N A C S E I P S E M E E B
D B I O E O A U G U S T U S G L O O P U
R T O O T H P A S T E F A C T O R Y S C
W U N M M B L U E B E R R Y P I E X G K
O N R M J D T L A S A C U R E V X T Q E
N O O M P A L O O M P A U P A N D O U T
K J O H N N Y D E P P S R A B A K N O W
A P M A E R C D E P P I H W A L N U T S
```

AUGUSTUS GLOOP
BLUEBERRY PIE
CABBAGE SOUP
CANDY
CHARLIE BUCKET
CHOCOLATE
COCOA BEANS

DENTIST
DR WONKA
EATABLE GRASS
FLOSS
FREDDIE HIGHMORE
GARBAGE CHUTE
GLASS ELEVATOR

GOLDEN TICKET
GRANDPA JOE
JOHNNY DEPP
JUICING ROOM
LOOMPALAND
MIKE TEAVEE
MRS BUCKET
MUMBLER

NUT BUSINESS
OOMPA LOOMPA
PARENTS
SHOESHINE STAND
SPECIAL PRIZE
SPIES
TAFFY PULLER
TELEVISION ROOM
TOOTHPASTE
   FACTORY
UP AND OUT
VERUCA SALT
VIOLET
   BEAUREGARDE
WALNUTS
WHIPPED CREAM
WILLY WONKA
WONKA BARS

Solution on page 160

My Fair Lady

```
P C Y G G C Q W F E T A X U O E Y T Y E
R Y Y N O E A K S N I T H G T S T R D I
O J K I N J S C R T E S Y R U N S Z D N
F N K H X C H S S N I G G I H Y R N E H
E A U C S E E T S I U G N I L I G C R E
S L R A M H I G H S O C I E T Y T Z F R
S M T E P D E A V E S D R O P P I N G I
O A B T R A U D R E Y H E P B U R N J T
R N O S I R R A H X E R K M S B B M D A
E S E S N L O S H D A N C E N C M A X N
I I F Q C L O N D O N A I H O L U K O C
F O Y L E S U O H A R E P O S Q S E T E
C N G Y O K K A D I Z S L U S T I O S N
K C B J S W D F S A V Y E G E E C V N G
D E T I Q U E T T E Z B N R L G A E U L
T R A N S F O R M A T I O N A J L R A A
G H I V K C W A G E R O L E H C A B J N
C T M A R B L E S I K P O E E D E B V D
Z T L A W U G I F W R A C E T R A C K Y
T U T O R A S O C I A L I T E J Y R B D
```

ARISTOCRAT
AUDREY HEPBURN
BACHELOR
BET
COLONEL
  PICKERING
DANCE
EAVESDROPPING
ELIZA DOOLITTLE
ENGLAND
ETIQUETTE
FIRING SQUAD
FLOWER GIRL
FREDDY

HENRY HIGGINS
HIGH SOCIETY
HORSE RACE
INHERITANCE
LESSONS
LINGUIST
LONDON
MAKEOVER

MANSION
MARBLES
MUSICAL
OPERA HOUSE
PRINCE
PROFESSOR
PUB
RACETRACK

REX HARRISON
SCHEME
SOCIALITE
TEACHING
TRANSFORMATION
TUTOR
WAGER
WALTZ

Solution on page 160

Toy Story

```
L S E R U G I F N O I T C A Q M R A D U
C W A L K I E T A L K I E E J A U X R H
R U U S Y C T O M H A N K S E D A C R A
O M N R B T E R E M P Y E Y B K S O C N
C C L E O X S T L D A T T Y U C O W A N
K P X I P P K H T V K H C D I U N B U A
E E S D E A O P T B G E K D L R I O T H
T E M L E H G I I I Z R I U D T D Y Z J
L M L O P B M Z L R W E B B I Y D O O W
Z W I S L A X Z E T G G I G N R A E F C
N A H S L L Z A G H O N N N G E E K F Y
K J P L S U Y P N D D A O I B V H X I D
O N E S B I W L A A Y R C V L I O C R N
X N K F W U O A R Y K E U O O L T T E A
W S E R G E A N T P N C L M C E A W H D
B A T T E R I E S A I A A A K D T F S E
R T E A P A R T Y R L P R P S O O Q K F
D N A M M O C R A T S S S J Y E P B E A
D O K G W Z S E Z Y L L U B X M R G C T
V Q U Y O S P I L L I H P D I S M W N R
```

ACTION FIGURE
ANDY
ARCADE
BATTERIES
BINOCULARS
BIRTHDAY PARTY
BO PEEP
BUILDING BLOCKS

BULLY
BUZZ LIGHTYEAR
COWBOY
DELIVERY TRUCK
DINOSAUR
FALLING WITH
  STYLE
HAMM

HANNAH
HELMET
LASER
MISSION
MOLLY
MOVING BUDDY
MR POTATO HEAD
MR SPELL

NEW TOY
PIZZA PLANET
REX
ROCKET
SERGEANT
SHERIFF
SID PHILLIPS
SLINKY DOG
SOLDIERS
SPACE RANGER
STAR COMMAND
STRANGE LITTLE
  MAN
TEA PARTY
TIM ALLEN
TOM HANKS
WALKIE TALKIE
WOODY

Solution on page 160

The Goonies

```
U F N L F P U G B N S A J E W E L S L M
H Z Y L L I W D E Y E E N O N V A W O S
M R E D A E L R E E H C W U I U N U R I
D N A G R O B A P N G W I S L O T H R P
H A S L Y U G N F O O A S X O H E R F F
U U T S L L Q S L M O T H O R Y R S O E
D M U A F E I F R T N E I N B X N E T F
R S N S P X C M P I I R N I H O S L B C
G D N P U O A O A E E F G T S B N O V G
Y E E I U D M M M F S A W S O O O H A N
O F L R N G H I E R I L E A J O T T F N
R O S A L I T A R E F L L N K B E E T O
T E R T C Y S B U T O P L A A Y L L H F
X B T E K C A J S N A M R E T T E L M K
V I A S T O R I A U R E Y S T R K U C I
J C C H X Z B I E O C E C G I A S B B I
L H S I N A P S R C K P V C C P R B W W
V U M P S E V I T I G U F A O S U F O N
W N K Y L Z F H M E X O J M C X F V G B
F K Q G D C D D R V F T A H H P G O H P
```

ANDY

ASTHMA

ASTORIA

ATTIC

BOOBY TRAPS

BRAND

BULLET HOLES

CAVERN

CELLAR

CHEERLEADER

CHUNK

COUNTERFEIT
  MONEY

DATA

FORTUNE

FRATELLI FAMILY

FUGITIVES

GOLF COURSE

GOONIES

JEWELS

JOSH BROLIN

LANTERNS

LETTERMANS
  JACKET

MIKEY

MOUTH

ONE EYED WILLY

ORGAN

PIANO LESSONS

PIRATE SHIP

ROSALITA

SEAN ASTIN

SKELETON

SLOTH

SPANISH

STEF

TOUPEE

TREASURE MAP

TROY

TUNNELS

WATERFALL

WISHING WELL

Solution on page 160

Back to the Future

```
S E E R T E N I P H H I L L V A L L E Y
K T P I H M I C H A E L J F O X I J Y L
A E S V E I G H T Y E I G H T M P H I F
T L G E A F B R E V O L G N I P S I R C
E E N R V K B I F F T A N N E N J X A M
B V V S Y F X S C H O O L D A N C E D E
O I M I F R O T I C A P A C X U L F I G
A S A D E M D O V I D E O C A M E R A R
R I R E K R A P R E F I N N E J X R T O
D O T D H S U H W P L U T O N I U M I E
G N Y R I T L E A H T H O M P S O N O G
I S M I T R D R E M M E T T B R O W N A
G E C V J I P L U D D E L O R E A N S I
A T F E C C F L H A D N I L J D K I U R
W C L O C K T O W E R F U T U R E E I E
A K Y D O L Y Y N I T S E D Y B L T T T
T Y L G O A U D I T I O N T A P E S S E
T W Y B E N I H C A M E M I T V G N A F
S O E L Z D P O H S E E F F O C E I P A
E N I A R R O L G N I N T H G I L E K C
```

AUDITION TAPE
BIFF TANNEN
BULLETPROOF
   VEST
CAFETERIA
CHRISTOPHER
   LLOYD
CLOCK TOWER

COFFEE SHOP
CRISPIN
   GLOVER
DAVE
DELOREAN
DESTINY
DR EMMETT
   BROWN

EIGHTY EIGHT
MPH
EINSTEIN
FLUX CAPACITOR
FUTURE
GEORGE MCFLY
GIGAWATTS
HEAVY

HILL VALLEY
JENNIFER PARKER
LEAH THOMPSON
LIGHTNING
LINDA
LORRAINE
MARTY MCFLY
MICHAEL J FOX
MR STRICKLAND
PAST
PINE TREES
PLUTONIUM
RADIATION SUIT
RIVERSIDE DRIVE
SCHOOL DANCE
SKATEBOARD
TELEVISION SET
TIME MACHINE
VIDEO CAMERA

Solution on page 160

Daddy Day Care

```
Q I L O C C O R B Y T L V N I D S I M G
Y S C O H B E N H I N T O N T Z N W U A
L I U Z H V K D C E A T H O J J A Z R M
O F Y G I C D A D V N R I E H T C H T R
S D X N A E R Q Z I J L N U F C K Y N E
N A D I R R A H H T E N Y W G L S H A M
O B Y T O E H E E T L M P M V F A E T I
L W P T V A I I T X I A U A J Z A S R T
A D S E N L K R G F C R P R E L D G H P
E B R P R K A C U H A K P V P I R N Z A
N M F A E I A N S I H E E I E H A I K N
N H H R N R D N L V U T T N C P Y W I G
I C T I N R T L M H S I S P U E K A M R
V T N I A P E C A F T N H T R T C R H E
E G V I C K I B O N O G O C B B A D I F
K A S X U L L E T D N A W O H S B X N I
L E R A C Y A D G N I K A N I G E R T N
R Q J E F F G A R L I N S P E C T I O N
E D J I A L U T N A R A T N K G U U N E
E V I H E E B S E M U T S O C T E N U J
```

ANJELICA HUSTON
BACKYARD
BEEHIVE
BEN HINTON
BROCCOLI
BRUCE
CARNIVAL
CARROTS
CEREAL
CHARLIE HINTON
COSTUMES
DAY CARE
DRAWINGS
EDDIE MURPHY
FACE PAINT
FUNDRAISER
GWYNETH
HARRIDAN
INSPECTION

JEFF GARLIN
JENNIFER
KELLI
KEVIN NEALON
KIM HINTON
MAKE UP
MARKETING
MARVIN

NAP TIME
PETTING ZOO
PHIL
PRESCHOOL
PUPPET SHOW
REGINA KING
SAINT BERNARD
SHOW AND TELL

SNACKS
STEVE ZAHN
SUGAR HIGH
TANTRUM
TARANTULA
THE FLASH
TOILET TRAINING
TREKKIE

Solution on page 160

Mary Poppins

```
D A Y T Z U N T C L S P B Y B W O C G I
V Y W V Y T R A P A E T R N J E H Z E F
X Q S P Q L N H R L O R C N B I R D O M
E Y D W S N I P P O P Y R A M V B L N U
H X M H O Y W M P R R R L N F R S H U S
Z X E N Z F K D A Z T R E B C E A F J I
W L M W O I X I X F P Y I T T T T U Y C
G E P A T G N I R U S A E M S N L L L A
F O N E I S N K J W Z K H B U I N A U L
M O K B T F S I E E Y Z N H E I N N L L
N L N O H T D E Y K Z D X A U Z U N L E
E X R L O L P A C L Y O N G B R P E A R
A M A G I C F C X A F D N A S I S C B B
Z A P W E C H I L D R E N E L U P A Y M
S K H O U S E K E E P E R A O G N L I U
L R S N T I K Q W T L Y S R V K N P J E
K R Z S Q F S S T F S S A R E K W E N R
J Q N O D N O L O B G C P R O M C R V L
A A Q L J E X O Y I F F D I Q H X I P W
E M Q L G E S I R N I K B S M O W F D A
```

BANKER	CHILDREN	HAT	MAGIC
BANKS FAMILY	CHIMNEY SWEEP	HORSE RACES	MARY POPPINS
BANNISTER	COOK	HOUSEKEEPER	MEASURING TAPE
BERT	DICK VAN DYKE	INTERVIEW	MIRROR
BIRD	ENGLAND	JULIE ANDREWS	MUSICAL
CAFÉ	FIREPLACE	KITE	NANNY
CANNON	FLYING	LONDON	NURSERY
CAROUSEL	FOX HUNT	LULLABY	PENGUIN
			RAINSTORM
			ROOFTOP
			SNOWGLOBE
			TEA PARTY
			UMBRELLA

Solution on page 161

Evan Almighty

```
J I M U A I F N K T H G U O R D Y L A N
W K L Q N L H D J R U S F E K K F S G N
I E E O I O F L O O D P T T C T W R G N
D N I V M O I K R Z K X H A O N W Q O N
O K X F A A A T D N A G W L M R A C U M
P N P L L N R S A B E P O P B E R D Y I
K I O R S S B T N T R T V E K Y N M A W
Q I C B E G H A Y P I H X S F A I T H U
T A C N T S O Q X P V P Z N M R N O H Q
U H N O I J S N A T V E I E A P G O D G
N P E F B C N C S T E V E C A R E L L Y
I Z F R K Z S C O T E R L I E U K S J S
V I R G I N I A R N F E P L G R E R H Z
P Q O E O T N E H N F B R E W S P I K T
D M G I I S A L A U R E N G R A H A M R
D O T L G P Y G R E S E R V O I R H F B
N A O T S E R C E G I T S E R P R G Q E
N P M W C O N G R E S S M A N L O N G H
K O N A M D O O G N H O J C B C B O V I
D Q M E O V H H X A R K F Y L M E L J Q
```

ANIMALS
ARK
CONGRESSMAN
   LONG
DAM
DANCE
DROUGHT
DYLAN
EUGENE
EVAN BAXTER
FAITH
FISH TANK
FLOOD
JOAN BAXTER
JOHN GOODMAN
JORDAN
LAUREN GRAHAM
LICENSE PLATE

LONG HAIR
MARTY
MIRACLE
MORGAN
   FREEMAN
NATIONS CAPITOL
NOAH
PICNIC

POLITICS
PRAYER
PRECIPITATION
PRESS
   CONFERENCE
PRESTIGE CREST
RAIN
RESERVOIR

RITA
ROBE
RYAN
STEVE CARELL
TOOLS
VIRGINIA
WARNING
WOOD

Solution on page 161

Ferris Bueller's Day Off

```
R F Y O N Z S I R R E F E V A S K T L J
E E E M D A M P T O W E L I T U D O K E
W E D H A W M F M F R E G E G M T H P A
O E A A S T R O A G M U E S U M E P O N
T Y R N E R T I R A R R E F M E K C L I
S R A O C L E H G F K A W A M R R L I E
R F P S N A R L E L E O C J I S A A C I
A N T R E L L E L W E B M E B C M M E T
E O U E S A O D E E B Y A J E H K M S A
S R B T B N O C T H U R F N A O C Y T K
J E J E A R H H G H C B O I R O O P A F
T M S P I U C I N D S H S D E L T A T O
J A D E E C S C I X P K S I E L S L I U
B C O N D K H A G Y U W C I R R D M O L
N E G A R A G G N I K R A P C R I S N B
D G V O O H I O I S H O W E R K E C A A
S U B L O O H C S G N I H C T I D F K L
T U X S N P R I N C I P A L F L O A T L
S E C R E T A R Y R A L U P O P O A Y M
Z Y W H Y Z V O Z A U N M H N G C K Z Y
```

MUSEUM
PARADE
PARKING GARAGE
PHONY PHONE CALL
POLICE STATION
POPULAR
PRINCIPAL
SAVE FERRIS
SEARS TOWER
SECRETARY
SHOWER
SICK DAY
SINGING TELEGRAM
SLOANE PETERSON
STOCK MARKET
SUMMER SCHOOL
TOM
WRIGLEY FIELD

ABE FROMAN
ABSENCES
ALAN RUCK
BASEBALL GAME
BUS
CAMERON FRYE
CHEERLEADER
CHICAGO

CLAMMY PALMS
DAMP TOWEL
DITCHING
    SCHOOL
ED ROONEY
FERRARI
FERRIS BUELLER
FLOAT

FOUL BALL
GRACE
GUMMI BEAR
HIGH SCHOOL
JEANIE
KATIE
MATTHEW
    BRODERICK

Solution on page 161

Fun with Dick and Jane

```
H G H E C C J C A L I F O R N I A P A E
R W A T S E T G U R D Q Q P L P H L I N
L T T R D E T R O P E D N C P R L J Q N
S P N A T N E G A S N I D L K E I A Z Y
T H E V D H A B V U P M I V R C T N U E
R O M E L X L N F S S A R G E E E E M L
A U Y L Y S E N A N N Y I Y T B R H M E
M S O A E R O B I C S C L A S S O A C V
T E L G T I N N E H R L F E I K T R P A
S K P E S A I S E E I Y D G L I S P G T
O E M N I W D L A B C E L A L M R E L O
K E E T E N I C O O C L L R A A O R O R
C P N J H C T T F R A N K P C S U N B O
U E U X O I O F E P M S T O C K Q D O B
R R Q P O X E M I F P F F H M P I D D B
T U T N R E P R A H K C I D K O L C Y E
K E O U S Q I C C Y E R R A C M I J N R
R U R H D K Y C T P U R K N A B T F E Y
O F O R E C L O S U R E K X J E B D Q R
W P R O M O T I O N I N D I C T E D L F
```

AEROBICS CLASS
ALEC BALDWIN
ALLERGIC REACTION
APPLIANCES
BANKRUPTCY
BILLY
BOTOX
CALIFORNIA
CHECK
COFFEE SHOP
DEPORTED
DICK HARPER
DRUG TEST
ELEVATOR
FORECLOSURE
FRANK
GARTH
GLOBODYNE

GRASS
INDICTED
INS AGENT
HEIST
HELICOPTER
HOUSEKEEPER
JACK
MCCALLISTER

JANE HARPER
JIM CARREY
KOSTMART
LIQUOR STORE
MERCEDES
  BENZ
NANNY
PENSION FUND

PROMOTION
ROBBERY
SKI MASK
STOCK
TEA LEONI
TRAVEL AGENT
UNEMPLOYMENT
WORK TRUCK

Solution on page 161

CHAPTER 5: The Old West
Butch Cassidy and the Sundance Kid

```
A L X C M K Q P J C R E O Q U G H G X F
W N D J Z C F O R J Q X K U R X M U T G
F Q I A H F E A H T W P O S T M O N E Y
J S K A I V I L O B U L F Y X L B S O M
V D E L X L H E E W X O E T I M A N Y D
J S C N R C E R Q K E S T L R H Q W C A
N X N O G B B K R K R I H O C H T G S R
O K A T H A R I N E R O S S O Y V T V J
R D D E F N O A J I L N V E B H C Y E L
E H N P P U B W V E F A S V C K S I Z W
X C U A R E E E I O E E W I A W M D B X
Z C S U O N R N U P C S F T R O L R E O
M K A L B U T C H C A S S I D Y K F K P
Y F O N B H R W Y A L O O G G N A G G Z
G G V E E O E H E G P P Y U A H G P X K
Z M K W R R D J E M A S N F M Z T B P N
W U A M Y S F D U J T R S H E R I F F H
B L D A Y E O J D J T D R M A X D J K I
L J M N I S R Y Q H E G N I L B M A G P
O S J T T G D S Y H W W N D S W B Y H K
```

AGNES

BANK

BICYCLE

BOLIVIA

BUTCH

  CASSIDY

CARD GAME

CHASE

CLIFF

DYNAMITE

ETTA PLACE

EXPLOSION

FUGITIVES

GAMBLING

GANG

GUNS

HOLE IN THE
  WALL

HORSES

JUMP

KATHARINE ROSS

KNIFE FIGHT

MONEY

NEW JERSEY

OUTLAWS

PAUL NEWMAN

PERCY GARRIS

POSSE

RAILROAD

RIVER

ROBBERY

ROBERT REDFORD

SAFE

SHERIFF

SHOOTOUT

SUNDANCE KID

TRAIN

Solution on page 162

Tombstone

```
M S J P R T F J O S E P H I N E C A J H
A I C H S H O S P U G N I N O K C E R Q
R E M L I K L A V I Q S R E T S A M C M
S P C Y S I R E D S A S H X X R K T X Z
H Z E J O H N N Y R I N G O A M I O L E
A W R F L U T M A B G X O N P O Q F E Y
L C T E U D R L R H H N J P L R L G L S
G S T N C J L H L B E G O L L G D S B E
B A A R R I E G U E T B O A I A X N A A
K M S C E L J L D C S S F Y B N Y S T P
P E P I B S A G B O K S L F S E B E O N
G L R G U T S R V A C L U O I A N S R C
C L A N T O N B R O T H E R S R L R A P
O I E I U M L M R O O L O B T P E O F A
W O L L I B Y L R U C Y O L E R O H O M
B T I B D S B R O B A K I O L R U K S N
O T G M A T T I E M W U O O P I R K E A
Y E R A N O Z I R A O B I D E O D Y O R
S X I G T N O V C Q B W Y A T T E A R P
X F V H R E V L O V E R R X U Q I O Y H
```

ACTRESS
ALLIE
ARIZONA
BADGE
BILL PAXTON
CLANTON
  BROTHERS
COWBOYS
CURLY BILL
DOC HOLLIDAY
FARO TABLE
GAMBLING
HORSES
IM YOUR
  HUCKLEBERRY
JOHNNY RINGO
JOSEPHINE
KATE

KURT RUSSELL
LOUISA
MARSHAL
MATTIE
MAYOR
MCMASTERS
MORGAN EARP
OK CORRAL

PIANO PLAYER
PLAY FOR BLOOD
POKER
POOL TABLE
RECKONING
RED SASH
REVOLVER
RIFLE

SALOON
SAM ELLIOTT
SHERIFF BEHAN
TOMBSTONE
TUBERCULOSIS
VAL KILMER
VIRGIL EARP
WYATT EARP

Solution on page 162

Unforgiven

```
F H G Q Y J W S B F N Y G Q O V U Y M M
Q C M E W I L L I A M M U N N Y A T O E
H A N C I D W A G R C O W B O Y Q F C L
I O I A D W N O T M U R D E R F M I P F
M C R B O M L O S E H G X E J O L U S I
K E A S W D K S I R R A H D R A H C I R
D G E N E H A C K M A N S A Y T N U O B
O A W N R S B C A M P F I R E G A W B R
O T W G A F H S H N R R R G L W N U U F
W S B X U B D I K D L E I F O H C S D U
T T E G G A D L L I B E L T T I L W Y C
S A A Y K R T K W W I M X O S H L M N D
A F U S E B U Y A E G A W C I N X G N R
E P C A O E O R S S W N L R P H F P I K
T L H Q A R T U A Q H M G F A C F S K O
N M A O V S O L G M I F W L B X I T S T
I M M T W H O G U N S L I N G E R E D N
L G P T T O H X S C K L G U R A E D A O
C M G U N P S R L I E N G L I S H B O B
Q J O V R E W A R D Y V Z N E U S C C N
```

BARBERSHOP
BIG WHISKEY
BOUNTY
CAMPFIRE
CLINT EASTWOOD
COWBOY
DELILAH
ENGLISH BOB

FARMER
GENE HACKMAN
GUNSLINGER
HORSES
LITTLE BILL
DAGGETT
MORGAN
FREEMAN

MONEY
MURDER
NED LOGAN
OUTHOUSE
PISTOL
REWARD
RICHARD HARRIS
RIFLE

SALOON
SCHOFIELD KID
SHERIFF
SHOOTOUT
SILKY
SKINNY DUBOIS
STAGECOACH
STRAWBERRY ALICE
TRAIN
WAGER
WHISKEY
WIDOWER
WILLIAM MUNNY
WW BEAUCHAMP

Solution on page 162

The Good, the Bad, and the Ugly

```
U H D M O P J L I F T A O C D V X N D D
F E Q K I A W M U R R O U U Y H H O F E
M G G Y O R B A N G E L E Y E S O G Q G
H N H A T U N R L O A L L M X W N O V D
A I F G T N R K A T S J I H T K A U R I
F G H H H O R S E S U R W S Y T P B M R
R N T P X T B M T L R O A S F W U S F B
M A J S Q E H A Q F E E L C N A V E E L
B H G E L L G N S J T X L E L T H R B O
N D H I I E O I F N I P A M G L M P B N
V I L W C K U A I Z M L C E U O I O N D
Y P Z O I S H L R D A O H T N H U B S I
E V A R G R C R I M N S T E S N H W O E
O C I X E M W E N V Y I Y R T E Q S C P
H B K B L I V Z G L D O E Y O M I F R G
D I I Y P G U N S L I N G E R G N R M Y
W A T R A I N T Q F T R E S E D X X P N
V X U M R N S S U R V I V O R S I J M C
V X E G A I R R A C F N W F Q W Q V R E
K L V J P N U P D H O W U C P T D R X S
```

ANGEL EYES
ARMY
BATHTUB
BILL CARSON
BLONDIE
BOUNTY
BRIDGE
CARRIAGE
CEMETERY
CIGAR
CLINT
  EASTWOOD
COAT
DESERT
DYNAMITE
ELI WALLACH

EXPLOSION
FIRING SQUAD
GOLD
GRAVE
GUN STORE
GUNSLINGER
HANGING
HIT MAN

HORSES
LEE VAN CLEEF
MARKSMAN
MONEY
NEW MEXICO
OUTLAW
PARAPLEGIC
PARTNERSHIP

PRIEST
SABOTAGE
SKELETON
STAGECOACH
SURVIVOR
TRAIN
TREASURE
TUCO

Solution on page 162

3:10 to Yuma

```
M G H N R P F U S L I L Y X M V M P H S
G Y R U S S E L L C R O W E L A Q A F N
A S C A Z G F V C U O U D F Y Q L G E G
Y P M D Y Q E X F U Z N D E R I F L E T
A P H Y A S N A I D N I T D C H A H J N
M B I R O N O B R O O C H E L B O U X R
B X P A W R E N I M I P E R N C S A I H
U A Q N N V L V B X T V W A L T U O K Q
S P J C U O C E A U A F I L I T I T B C
H A G H M I Z Y C N T T T C D R D O E G
W C U E P X C I S M S T E O C E N Y N C
C H A R L I E P R I N C E U Z E U W W D
E E H O R S E S R A I O Z R E B O U A K
H C W M C L A H S R A M R T F S W T D E
Q K Q M O E C M Q Q R D I Y C I T B E D
Q M S W Q N G E O V T M R O B B E R Y D
M N J X F N E A S N A V E M A I L L I W
O H P K A U V Y T N F N K T N M L B D O
B Y W G V T G M Y S T B O I K I U V R L
Q Q L C Y A L D K P X G P X K J B Y D C
```

ALICE EVANS
AMBUSH
APACHE
ARIZONA
BANK
BEN WADE
BISBEE
BROOCH

BULLET WOUND
BYRON MCELROY
CHARLIE PRINCE
CHRISTIAN BALE
CONTENTION
DAN EVANS
DEBT
DYNAMITE

FEDERAL COURT
GANG
GRAYSON
BUTTERFIELD
HORSES
INDIANS
JUSTICE
MARSHAL

MINE
MONEY
OUTLAW
PIANO
POKER
RANCHER
RIFLE
ROBBERY
RUSSELL CROWE
STAGECOACH
TRAIN STATION
TUNNELS
WILLIAM EVANS
YUMA

Solution on page 162

The Missing

```
X R E M L I K L A V M M N V U S V W S R
R E H T A F D E G N A R T S E D I N A S
R C G V T P R Z R K G W T N R X A T M B
A O N X B E A E K N G C O M E I T N U D
G N I T N A H C T X I J S R D L I A E L
H C P H P A M C H H E L K N E W S N L O
C I P T B B A R N E G I I S D S I E J F
F L A U T I R R L A I U N L N H C T O D
X I N J W Y N Y O D L A A A L G R U N N
H A D X I O M Z A N K B M D N Y E E E I
X T I H S M R F U E E E E I D K H I S L
L I K I O H D R H K N C D T A N P L U B
L O V T L P E U A I S L K P A I A B A N
U N W W D A G R C G O W Y H Q C R R A G
V E L F I R B I I H N A J A A U G M G F
M N J H E G D N R F A I S E S R O H I G
R D G S R E T S I S F R M W I N T E R O
K R T M M L J A H Y D J M A S S O Y U Q
L N E W M E X I C O R E Y E L H H J X E
L E T U R T L E C A L P E R I F P F B T
```

AARON ECKHART
APACHE
BARN
BLINDFOLD
BRAKE BALDWIN
CATE BLANCHETT
CHANTING
CHIRICAHUA
DOT
ESTRANGED FATHER
FIREPLACE
FLAMING ARROW
GRANDDAUGHTER
HOLDING CELL
HORSES
INDIANS

JIM DUCHARME
KIDNAPPING
LIEUTENANT
LILLY
MAGGIE
GILKENSON
MEDICINE MAN
NEW MEXICO

PHOTOGRAPHER
RATTLESNAKE
RECONCILIATION
RESCUE
RIFLE
RITUAL
SAMUEL JONES
SHERIFF

SISTERS
SOLDIER
TELEGRAPH
TOMMY LEE
JONES
TURTLE
VAL KILMER
WINTER

Solution on page 162

The Wild Bunch

```
U Q R A T A H J H D X K Y T F C F H Z F
B I F S C O R P I O N A Y R T R E B O R
F G U N F I G H T K I L F Z W E Z H N E
M I R R O R E I T N O R F I G J X B Y D
G O D V C T R N U I H L L D U B L A B D
E S J S E I N G E F W L I M B A P X S I
H Q E W A U E R N E I R B O D N O M D E
J D I L G N S Y O A B O U R J K H E A S
S M I T I Z T E M H O N E T Y G S A X Y
B A O H C B B H P H T X M S R N I R G K
J H C M I L O G C Y P E F G C I B A E E
S A D H C L R M H L X O K N L L E I E S
M N B Y D O G U O I R W P E F G K L O W
Y V K E B O N S C T X Z T H D G I R H A
O D N B H T I A U W U A A C D U P O C L
G C E E O N N J N I A R T Y M R A A T
Y R I R N A E S H O O T O U T S V D M U
Y S S X R Q E U B P Q G O D E Z L N I O
T N E M E R I T E R F N G S C S B I X J
T Y Y H X M H J S F C J I M P Y S W O W
```

ARMY TRAIN

AUTOMOBILES

BANK

BOUNTY HUNTERS

BRIDGE

DEKE THORNTON

DUTCH

ENGSTROM

EDMOND OBRIEN

ERNEST BORGNINE

EXPLOSION

FORTUNE

FREDDIE SYKES

FRONTIER

GUNFIGHT

HEIST

HORSES

JAIL

KNIFE

MACHINE GUN

MEXICAN ARMY

MEXICO

MIRROR

OUTLAWS

PIKE BISHOP

RAILROAD

RETIREMENT

ROBBERY

ROBERT RYAN

SCORPION

SHOOTOUT

SHOTGUN

SMUGGLING

TEXAS

TRAIN

WILLIAM HOLDEN

WIND

Solution on page 163

The Magnificent Seven

```
M A P U G G M E X I C O K U P P S H J D
I E I C R N U C N K R E N N Y R B L U Y
C P W A K V I N Q R J H M E B C S Y L W
U Z V S L C Q L F A U L S E G T R I D Q
Z E Y I W U U A B I P B R U T B E L Y Q
W Z M N K K U L G M G N O Q B E M X W Z
U D Q O O R E C Y G A H K C L M R O A J
S Y T I C S S O Y R T G T M S R A Y Y S
S E V T R Z N H D K R U P E R E F I N K
B E S A B U I O X A E A B V R W M B E E
G X E R G I O L R N V V H E O O B A K T
F H I T O R M G C B K T U T X T Z N J L
O T O L E H L Y B R S R D S S L N D S T
T H O I C A L V E R A E J B A L O I T O
S C L F R S W I T C H B L A D E O T N P
E L C N Y V H L R L G O T R P B L S A Y
Y E L I W A L L A C H R I S A D A M S R
K V F I E S T A Y N W O D W O H S X A Y
P I H D M O T G A E R I F P M A C Q E L
W J F H Q C W E L N P Q Z X E O S N P E
```

ALCOHOL
AMBUSH
AXE
BANDITS
BELL TOWER
BERNARDO OREILLY
BETRAYAL

BRITT	FARMERS	INFILTRATION	SHOTGUN
CALVERA	FIESTA	JAMES COBURN	SHOWDOWN
CAMPFIRE	GAMBLING	KNIFE	STEVE MCQUEEN
CASINO	GRAVE	LEE	SWITCHBLADE
CEMETERY	GUNFIGHTER	MEXICO	TEXAS
CHARLES BRONSON	HARRY LUCK	PEASANTS	VILLAGE
CHRIS ADAMS	HEARSE	ROBERT VAUGHN	VIN
ELI WALLACH	HORSES	SALOON	YUL BRYNNER

Solution on page 163

High Noon

```
I J J P J N W R E V E N G E F D H A S E
D T H W E U H U P P G O G R D E P U T Y
W N U Y N R D P S L U A A T L W V W A T
X H P W J H D G C C I N R E Q Y I B B U
E A M Y F O W L E R K A N E G L L M L G
I R O M C S N G R M I R J B L W L A E D
X V C A R T D A I N A F A K R E E Y T Z
H E I R F A M L S M O R A C R N H O O Z
Q Y X T B G L T I H B N T I S F C R H U
V P E I J E A R R E E N W R E F T E X J
Y E M N R T E A R S O N A T G I I T T F
Q L W H I Z T S W E V C D T D R M I U W
Q L E O Q S H C T A P E Y E I E S R F E
A A N W U O J A H P M O J M R H A E R V
X H D E P T E G D U R G O Y B S M M V W
I S G N O O L A S F R N W C D T O E B K
P R I S O N U A C L O C K R Y D H N V U
V A G N I D D E W O F S H E O R T T O Q
S M A L L T O W N S P E O P L E A G X H
A U V L X M G R A C E K E L L Y Z G Z M
```

AMY FOWLER
   KANE
ARSON
BADGE
BARBERSHOP
CHURCH
CLOCK
DEPUTY

EYE PATCH
FIRE
FRANK MILLER
GARY COOPER
GRACE KELLY
GRUDGE
HARVEY PELL
HELEN RAMIREZ

HOSTAGE
HOTEL
JAIL
JONAS
   HENDERSON
JUDGE
LLOYD BRIDGES
MARRIAGE

MARSHAL
MARTIN HOWE
MAYOR
NEW MEXICO
NEWLYWED
NOON
OUTLAWS
PERCY METTRICK
PRISON
RETIREMENT
REVENGE
SALOON
SHERIFF
SMALL TOWN
STABLE
THOMAS MITCHELL
TOWNSPEOPLE
TRAIN STATION
WEDDING
WILL KANE

Solution on page 163

Rio Bravo

```
Y H J A K Y X T H G I F T S I F R G S R
E K F C H E A T I N G R T P F B W P N E
C M X F D Y N A M I T E E I J A I L H N
S H A V I N G O N Y X K X H L T H D R O
N P K H U R I R S A U O M T T A L U E S
Q Y S M S E E Z S L Y P E O R O W D R I
U S I B J L D H T P E R O M K Z R E E R
L O N Z O E I S S D B N O Q N U H B D P
I S Y W H E C X T R W N Y D N T V L R K
R D Q O N H K N E A I B B K A J B G U K
M E Z Y W W I N A C G A I E C R X N M Y
D P H U A T N N A H S E F H X I O I E P
V U E C Y A S U W N C S C U O A R L D E
Z T W N N P O C R O N T H O P S E B O S
N Y R D E A N M A R T I N O A T T M O C
R P V A P O R B T C I L O H O C L A R A
B M X L O I A Y I J F T L H O T H G G P
B U S L R S B N U O N I S A C J O S E E
F T A A N U F U G I T I V E M Q X U G G
I S J B O A D L O J S A M B U S H B T C
```

ALCOHOLIC

AMBUSH

ANGIE DICKINSON

BALLAD

BARN

BROTHER

CARD PLAYING

CASINO

CHEATING

COLORADO RYAN

DEAN MARTIN

DEPUTY

DRUNK

DUDE

DYNAMITE

ESCAPE

FEATHERS

FIST FIGHT

FUGITIVE

GAMBLING

GUITAR

HARMONICA

HOSTAGE

HOTEL

JAIL

JOHN T CHANCE

JOHN WAYNE

MURDERER

PAT WHEELER

POKER

PRISONER

RANCHER

RICKY NELSON

SALOON

SHAME

SHAVING

SHERIFF

SHOOTOUT

SMALL TOWN

SPITTOON

STAGECOACH

STUMPY

TEXAS

WALTER BRENNAN

Solution on page 163

CHAPTER 6: Independent Wonders

Little Miss Sunshine

```
M S A C R A S U P E R F R E A K A T H G
U C K N A R F E L C N U S R B P O R R S
D M Z H X M U T O T I T P O I Y T E P L
S H A D A P E T O N K D E U G C G C Y R
E D O M A L A E H A R W T T A K H N W E
M G W P L Y P L C E A A S I I H P A B N
I N I A B R D L S G N Y E N L O I D R I
N A N U U E N O T A A N N E B N R R R D
A M N L Q H A C H P L E I U R K T O F S
R S E D U S R I G X A R N O E I D N I C
N S R A E Y G N I R E F F U S N A A C H
X O S N R L X O L O L I V E L G O M E O
J R S O Q B T T F Z L T Y E I H R T C L
E G C L U T C H C A E B O D N O D E R A
C N T S E T N O C Y T U A E B R V S E R
N A M R A G U S Y R R A L C U N H N A B
E T R C E Y S T E V E C A R E L L U M B
L S O D N I L B R O L O C A S R E S O L
I N E W M E X I C O L A T I P S O H I N
S S E C C U S O Z E U P K Q H B H S Y W
```

A LA MODE
ABIGAIL BRESLIN
ALAN ARKIN
ALBUQUERQUE
BEAUTY CONTEST
BUS
CLUTCH
COLOR BLIND

DANCER
DINER
DWAYNE
FLIGHT SCHOOL
GRANDPA
GREG KINNEAR
HONKING HORN
HOSPITAL

ICE CREAM
LARRY
SUGARMAN
LOSERS
MISS CALIFORNIA
NEW MEXICO
NINE STEPS
NOTEPAD

OLIVE
PAGEANT
PAUL DANO
REDONDO BEACH
RICHARD
ROAD TRIP
ROUTINE
SARCASM
SCHOLAR
SEMINAR
SHERYL
SILENCE
STAN GROSSMAN
STEVE CARELL
SUCCESS
SUFFERING YEARS
SUNSET MANOR
SUPER FREAK
TONI COLLETTE
UNCLE FRANK
WINNERS

Solution on page 164

Juno

```
T C P R O M F D G B D U G C A C T U S F
L T Q N A I C I N H C E T L I A N U U W
A I N H C C F X I A C G H P F O C E N Z
G C I E C H T A N M O A E E C H H L N S
S T L H M A A I N B J P A N I D F A Y J
C A I V K E E I U U E N R N A O F H D U
M C B D L L S L R R N E T Y D U U W N N
Y S E O D C Q A B G N L B S O G G Y U E
L N R E K E E L B E I L U A P H C R O B
O A T R O R L E H R F E R V T N A A S U
O M Y G I A B P I P E A N E I U M N A G
H E B E M U U V M H R X S R O T N O R N
C T E E N A G E R O G S O R N H E I T I
S A L S K A T R I N A D E V O O R T L R
H B L D O G L O V E R P I S A L B U U O
G N I R O L A S S E N A V Q U E O A A L
I O D S E I V O M R E H S A L S N C L K
H S A J G S L I A N R E G N I F E P X R
R A T I U G I P R E G N A N C Y Y E A A
Y J U N O M A C G U F F U G C A M C A M
```

ADOPTION

BASEMENT

BREN MACGUFF

CACTUS

CAUTIONARY WHALE

CHAIR

COLOR SAFE
   BLEACH

DOG LOVER

DOUGHNUT HOLES

ELLEN PAGE

FINGERNAILS

GUITAR

HAMBURGER PHONE

HEARTBURN

HIGH SCHOOL

JASON BATEMAN

JENNIFER GARNER

JUNEBUG

JUNO MACGUFF

KATRINA DE
   VOORT

LEAH

LIBERTY BELL

MAC MACGUFF

MALL

MARK LORING

MICHAEL CERA

NAIL TECHNICIAN

PAULIE BLEEKER

PENNYSAVER

PIPE

PREGNANCY

PROM

RUNNING

SLASHER
   MOVIES

SU CHIN

SUNNY D

TEENAGER

TIC TACS

ULTRASOUND

VANESSA LORING

Solution on page 164

Good Will Hunting

```
N Z D O G T R A C K R A L Y K S B J Z H
A X S G N Y U S X L A D E M S D L E I F
G J T S I R T A I H C Y S P R L R S R M
R T D C T O S Y E P C I G A M S Z E A T
O B B H N M U P G B S N G E E T K A I X
M O A U U E B V E O M S E T B R O N N H
I S T C H M W S N E R A T R O E S M R S
N T T K L C A P W A D E L W W E N A O W
E O I I L I Y V K E R R N D L T A G F O
Q N N E I H G S C A I O E P L T H U I R
U O G S W P N M G G I V P A C A P I L L
A M C U Y A O I A T V A R W D V R R A D
T A A L L R C T C S U I N E G E O E C S
I D G L L G U U Y P A R E H T R R Y G E
O T E I I O R S M A I L L I W N I B O R
N T D V B T R E V I R D E I N N I M L I
S A Q A S O R S K C E L F F A N E B J E
E M E N T H A R V A R D C E I H T U O S
P E O Y W P R O F E S S O R O T I N A J
S C I T A M E H T A M F O R M U L A V V
```

APPLES

BATTING CAGE

BEN AFFLECK

BILLY

BOSTON

CALIFORNIA

CHUCKIE
  SULLIVAN

CIGARETTES

CONSTRUCTION
  WORKER

DOG TRACK

EQUATIONS

FIELDS MEDAL

FORMULA

GENIUS

GERALD
  LAMBEAU

HARVARD

HYPNOSIS

JANITOR

JOB INTERVIEWS

L STREET TAVERN

MATHEMATICS

MATT DAMON

MINNIE DRIVER

MIT

MORGAN

ORPHAN

PHOTOGRAPHIC
  MEMORY

PROFESSOR

PSYCHIATRIST

ROBIN WILLIAMS

SEAN MAGUIRE

SEE ABOUT A GIRL

SKYLAR

SOUTHIE

SPEED READER

STELLAN
  SKARSGARD

SUBWAY

THERAPY

WILL HUNTING

WORLD SERIES

WRENCH

Solution on page 164

```
E B E P T L R N Y J W X J X C I W C R C
G G P E G U T R I S H A W P Z Z M H L H
F N M H Q L L A B R E H T E T W A A V A
M P A L O O H C S H G I H C E C S P U T
I L R P T J O D H Y T C R D A S D S U R
L L E V O O R G E C N A D G P F U T N O
V A K Q A L D M K A X I E R N M M I C O
B B I E M B E I S T N F E K M O E C L M
Z T B F A R P O W G I S F E W T J K E A
D O A B L T R F N G I M R H S O G L R L
T O I T L D O Y H D A K E P E R N Q I S
S F D C E J F T E V Y I N M J C U D C E
X C A P U R E N S P A N R Q A Y D N O P
U W H B R R T P E B M E A E E C V G I W
V M O O N B O O T S D G M M T L H N F N
B A I W O Q V Y T E N H I C I E A I J E
J R D L R L S V H S A X R G I T F W N Q
X K W I A V B N E G R G E R A I E A E E
E S L N A M O U G R G X Z R Y A D R C T
P I H G P J J T S K C U H C N U N D D X
```

AARON RUELL
BIKE RAMP
BOWLING
CAFETERIA
CAGE FIGHTER
CHAPSTICK
CHAT ROOM
CLASS PRESIDENT
DANCE GROOVE
DRAWING
EFREN RAMIREZ
FOOTBALL
GOSH
GRANDMA
HIGH SCHOOL
IDAHO

JON GRIES
JON HEDER
KIP
LLAMA
MOON BOOTS
MOTORCYCLE
NAPOLEON
　DYNAMITE

NUNCHUCKS
NURSE
PEDRO SANCHEZ
PINATA
REX
SCHOOL BUS
SUMMER
TAE KWON DO

TATER TOTS
TETHERBALL
TIME MACHINE
TRISHA
UNCLE RICO
VOTE FOR
　PEDRO
WEDDING

Solution on page 164

My Big Fat Greek Wedding

```
F U W K S G R G V B A P T I S M U A N E
R N I R N N O I T P E C E R S H O T A M
I I N E O I O S T N E M E G A G N E I O
I A D L W C T A Y C N E G A L E V A R T
K V E L B K O S R E N A E L C Y R D A N
A A X I E M F M A T I T N N Y U S Z T A
T R U M A H T S P R T Q Y G R S B E E R
E D H N S K H A A U R E V O E K A M G U
L A N A T S E M D B T U B T T L L F E A
C L Y I D V W E Y M R E S R T B O E V T
N O E B R T O U L A P O R T O K A L O S
U S N B K S R U O L H C Z C P C D U P E
O F D T U D D E L G H S W G L W N C X R
R F O G A N S U N A J E R A N A H H X Y
E F R P R C D I P I K K I N N I S U O C
H A R R I E T T E G E L L O C S C S S J
C M I C H A E L C O N S T A N T I N E R
A I T X E A U K E A A X G S M Q Y E A S
E L C S N L E E W N K O W E D D I N G D
T Y K H G S D I A M S E D I R B F J X R
```

MAKEOVER
MARIA
MICHAEL
  CONSTANTINE
NIA VARDALOS
NICK
OPA
POTTERY CLASS
RECEPTION
RESTAURANT
RODNEY
ROOT OF THE WORD
SEATING HOSTESS
SNOW BEAST
TEACHER
TOULA
  PORTOKALOS
TRAVEL AGENCY
UNCLE TAKI
VEGETARIAN
WEDDING
WINDEX

ANGELO
AUNT VOULA
BAPTISM
BRIDESMAIDS
BUNDT CAKE
CHICAGO
COLLEGE

COMPUTER
  CLASSES
CONTACT LENS
COUSIN NIKKI
DANCING ZORBAS
DRY CLEANERS
ENGAGEMENT

FAMILY
GREEK
GUS
HARRIET
IAN MILLER
JOHN CORBETT
LAMB

Solution on page 164

Pulp Fiction

```
C D R R D G O G H U R R M I V D I B D J
H A M B U R G E R A T H N I K P M U P W
A N L H U E N R E C O R D P L A Y E R N
Y C A I P Z P E G D I L O O C H C T U B
N E S T F M T T N A M R U H T A M U O P
N C S M P O H S N W A P I R L A E S U S
U O A A R O R G A N H N U L G P S I Y D
B N S N P R E N I D E V A E C N A L T L
Y T S K B H A A I G J W V U J V C L Y A
E E I T C T A G U A S T E H O R F I B N
N S N A A A Z N E U N Y S W H F E W E O
O T B K E B J U L E S W I N N F I E L D
H Y A C G B S L C G F A F Q T Y R C Z C
S R O X N R E N L W A F T I R G B U Z M
H E L V I S I M P E R S O N A T O R U T
O B X N R V L S A X U L C C V F A B M R
T B G A Y E G A S S A M T O O F L H Q Q
G O M L S U X F M I A W A L L A C E U D
U R Z Q R W N O I O W R I S T W A T C H
N O C D U K T A B X A A D N A L O Y O A
```

ASSASSIN
BATHROOM
BOSS
BOXER
BRIEFCASE
BRUCE WILLIS
BUTCH COOLIDGE
CALIFORNIA
COFFEE
DANCE CONTEST
DINER
DRUGS
ELVIS
  IMPERSONATOR
FOOT MASSAGE
GANGSTER
HAMBURGER
HITMAN
HONEY BUNNY
JOHN TRAVOLTA

JULES WINNFIELD
KATANA
LANCE
MACHINE GUN
MARSELLUS
  WALLACE
MCDONALDS
MIA WALLACE

MUZZLE
PAWNSHOP
PUMPKIN
RECORD PLAYER
RINGO
ROBBERY
SAMUEL L
  JACKSON

SHOTGUN
SYRINGE
TAXI
UMA THURMAN
VINCENT
VEGA
WRISTWATCH
YOLANDA

Solution on page 164

The Usual Suspects

```
E Z O S R E S Y E K E V I N S P A C E Y
E Q R J E N R Y B L E I R B A G D G E B
Z L E Y U U T O D D H O C K N E Y G F R
B R E T S N E F D E R F R E P I N S F I
L C O R R U P T I O N W H B E M W K O J
N O T A E K N A E D W E E B D L Y E C F
I C H A Z Z P A L M I N T E R I F V B G
N U S C U S T O M S I I E S O F Q I U A
T A P P P N T M T C E W N N P I A N R S
E P J O E H O H I N M D F R I G E P O O
R T F U L S N O I S O L P X E T A O B L
R D O C K I D H A E P A E N R Y I L R I
O S U S P E C T S L F B T A M D W L A N
G X O N L A V E U P E N Y M H N V A H E
A H I T M A N A L P H E V N L C O C L W
T J O X F C W L D I Z H Z O A R I K H Y
I R A L I G H T E R N P O C B K W M P O
O F X S I H I J A C K E D T R U C K R R
N O T I C E B O A R D T U P E X L C E K
S H C I G A R E T T E S S P V W V F R U
```

BENICIO DEL TORO
BOAT EXPLOSION
CHAZZ PALMINTERI
CIGARETTES
CONMAN
COFFEE
CORRUPTION
CRIPPLE
DAVE KUJAN
DEAN KEATON
DOCK
FAX MACHINE
FBI AGENT
FRED FENSTER
GABRIEL BYRNE
GASOLINE
HARBOR
HEIST
HIJACKED TRUCK
HITMAN
INTERROGATION
KEVIN POLLACK
KEVIN SPACEY
KEYSER SOZE
LAWYER
LIGHTER
MICHAEL MCMANUS
NEW YORK
NOTICE BOARD
POLICE LINEUP
RIFLE
SAN PEDRO PIER
SNIPER
STEPHEN BALDWIN
SUSPECTS
THIEF
TODD HOCKNEY
US CUSTOMS
VERBAL

Solution on page 165

Swingers

```
I J M L L N U G D N A H V C W V F O A H
F W E M V I D E O G A M E S B Y F O O G
F F L T D B N T U L X M V O U Q M C Y P
T R A I L E R D B S F A J G N I K R A P
E N S J D A U I L A S C D O N E H S I U
Z H V S J U T S E R H E O A Y R P W N B
Q D E Z V T R N D T C R R U V I N I R K
O R G B I I E E O E L B I T R E V N O C
D M A R N F N Y W T M R D I I S N G F A
Y I S E C U T L N Y S A N S J A E D I J
B K E A E L W A B I J G N O V O W A L K
R E L K V B A N G Q A R N Y B S Y N A C
E P E F A A L D J C A F E I O O O C C A
D E G A U B K E T T A N C F V B R I Y L
E T N S G I E O G V I E Y R L I K N B B
H E A T H E R G R A H A M M F Z L G N I
T R S A N S W E R I N G M A C H I N E S
K S O A M R A R Y E N O M O S E R U O Y
X S L B P U O N I S A C N B N E R J N R
L O H O C L A L H O D L V X V M N M B T
```

ALCOHOL
ANSWERING
  MACHINE
ASPIRING ACTORS
BABIES
BLACKJACK
BOY NAMED SUE
BREAKFAST

BUNNY
CAFE
CALIFORNIA
CASINO
CONVERTIBLE
DISNEYLAND
DOUBLE DOWN
DRESDEN

GOLF COURSE
GOOFY
HANDGUN
HEATHER
  GRAHAM
HOCKEY
JON FAVREAU
LAS VEGAS

LORRAINE
LOS ANGELES
MIKE PETERS
NEVADA
NEW YORK
PARKING
ROB
RON LIVINGSTON

SWING DANCING
THE DERBY
TRAILER
TRENT WALKER
VIDEO GAMES
VINCE VAUGHN
WAITRESS
YOURE SO MONEY

Solution on page 165

Office Space

```
N H Y P N O S I S L A W R E N C E M J T
E E Z B I R T H D A Y C A K E H H I O G
I R E T N I R P E L C I B U C P L L A D
G M I C H A E L B O L T O N U Q V T N V
H P A Y R O L L P E T E R G I B B O N S
B A A C O F F E E R A W T F O S K N A B
O T W L N R I A L F I J B U H S K H P I
R N U A L J A M B Z K B A M B V S R R L
J E N N I F E R A N I S T O N U B E O L
T M C C V I X O Y G Y P B V R R O L G L
P E H I I P A R A O A P N I T O B P R U
S L O F N A L N P O O Z V E R I S A A M
R Z T F G P N M S R R R I S P D L T M B
E Z C A S E O F T H E M O N D A Y S M E
P E H R T R S E N T I A Q L E R D D E R
O B K T O J R Y U M B R I M A S E E R G
R M I Z N A A P O I N I T E C H L R S H
T E E A T M M A C H I N E D P C L C Q B
S U S M Z O Y X C T A B L L A B E S A B
E N I H C A M X A F L S F F O Y A L E A
```

ACCOUNTS PAYABLE	BIRTHDAY CAKE	COMPUTER VIRUS	HYPNOSIS
ARSON	BOB PORTER	CUBICLE	INITECH
ATM MACHINE	BOB SLYDELL	EMBEZZLEMENT	JENNIFER ANISTON
BANK SOFTWARE	CASE OF THE MONDAYS	FAX MACHINE	JOANNA
BASEBALL BAT	CHOTCHKIES	FLAIR	KUNG FU MOVIES
BILL LUMBERGH	COFFEE	HAWAIIAN SHIRT DAY	LAWRENCE
			LAYOFFS
			MAGAZINES
			MEMO
			MICHAEL BOLTON
			MILTON
			NEIGHBOR
			PAPER JAM
			PAYROLL
			PETER GIBBONS
			PRINTER
			PROGRAMMERS
			RADIO
			RED STAPLER
			RON LIVINGSTON
			SAMIR
			TPS REPORTS
			TRAFFIC

Solution on page 165

Crash

```
M V R O B B E R Y N O H T N A D M F I L
J M U R D E R T A H W Q R N X T A B H O
N S C H R I S T I N E T H A Y E R L T C
N K A O L C E L B I S I V N I X I O E K
O C E L D A E H C N O D P P E Y A S L S
I O N L I C C A R A C C I D E N T A N M
S L B Y R C A R J A C K I N G B Q N O I
O L L W V S E I R E C O R G R S Y G I T
L U A O R E Y A H T N O R E M A C E S H
P B N O S N A H M O T O N I U C L L S I
X A K D U Y S M A T T D I L L O N E A T
E R B D B U G R A H A M W A T E R S P C
V D U I J X W T A N E P L E A H C I M H
I N L R R E C I F F O E C I L O P F O H
T A L E Q I B R E P E E K E S U O H C I
C S E C R Y A N P H I L L I P E F G V K
E D T T H S T O B A C N A E J V V J D I
T P S O E U C S E R C O R R U P T I O N
E I Y R I C K C A B O T I P O H S N U G
D A N I E L J R R V S H A N I Q U A F D
```

ANTHONY

BLANK BULLETS

BRENDAN FRASER

BUS

CAMERON THAYER

CAR ACCIDENT

CAR JACKING

CHRISTINE THAYER

COMPASSION

CORRUPTION

DANIEL

DETECTIVE

DISTRICT ATTORNEY

DON CHEADLE

EXPLOSION

GRAHAM WATERS

GROCERIES

GUN SHOP

HATRED

HITCHHIKING

HOLLYWOOD
  DIRECTOR

HOUSEKEEPER

INVISIBLE CLOAK

JEAN CABOT

LOCKSMITH

LOS ANGELES

MARIA

MATT DILLON

MICHAEL PENA

MURDER

POLICE OFFICER

RESCUE

RIA

RICK CABOT

ROBBERY

RYAN PHILLIPE

SANDRA
  BULLOCK

SHANIQUA

TOM HANSON

Solution on page 165

CHAPTER 7: Judge and Jury

12 Angry Men

```
W F O W R P W J Z Z B Z X Z E R Q O Z R
T R I A L W Y O U N Z Q H E A T W A V E
W A T C H M A K E R E K O R B K C O T S
V I N O T G U I L T Y T C E T I H C R A
X N W P E C N E T N E S H T A E D O D C
I S U H S R E B B E W T R E B O R E S R
Q T V O T E J V U H O Z A E U U L S E E
Z O U T C L B U O W M E L D J I F N A D
C R L O K D A S D K A D P B B N K N D R
R M B G Y E N E E W S H P E S O J I V U
Q B J R T I K A L S W O R G Z R K B E M
D J A A M F C L B I S A V L T R C D R A
B A C P Q N L Q A B T A Q E O I A R T N
H J K H U H E K N I F E L Y G F K A I H
A C W N M O R K O L N Z W G B R K W S A
S Z A X K J K N S A L E S M A N O D I T
F R R O M A S L A B N I T R A M Y E N T
P L D T C J R Q E G M A R S H A L L G A
A E E D N H E N R Y F O N D A G S E Q N
P D N A M G U L K K C A J V E R D I C T
```

ADVERTISING
ALIBI
ARCHITECT
BANK CLERK
COACH
DEATH SENTENCE
DELIBERATION
ED BEGLEY

EDWARD BINNS
EG MARSHALL
GEORGE
VOSKOVEC
GLASSES
HEAT WAVE
HENRY FONDA
JACK KLUGMAN

JACK WARDEN
JOHN FIEDLER
JOSEPH SWEENEY
JURORS
JURY
KNIFE
LEE E COBB
MANHATTAN

MARTIN BALSAM
MURDER CASE
NEW YORK
NOT GUILTY
PHOTOGRAPH
RAINSTORM
REASONABLE
DOUBT
ROBERT WEBBER
SALESMAN
STOCKBROKER
TRIAL
VERDICT
VOTE
WATCHMAKER

Solution on page 166

A Few Good Men

```
Y E C N E D I V E T E S T I M O N Y N Y
R E F S N A R T K E V I N P O L L A C K
C O D E R E D E M I M O O R E D S W A C
G Q E S A C R E D R U M T I D Z E O B O
G R E B N I E W M A S O B V N M V L U L
J L L A H S S E M J M H H A A L I L C O
M N A V Y X S J U C O P T T L I N A Y N
J A I L P X W S R N J H T E R E K G A E
A Y R L U Q H U O U A H A S E U K E B L
C E T I K C I R D N E K N A H T A N O J
K N A B N S T G J W B I E N T E E N M A
N W B E E E E M N A I O T U N T A A C
I O L N O B S A O T R F P I S A S O N K
C D L O C S R S P P R E B A R N O J A R
H N A H U K W A Q M A S U G E T R I T O
O E B P I A C Z W E C O S O F Q E E N S
L D E N D A N I E L K A F F E E G N A S
S U S Q D N A T S S S E N T I W A L U I
O O A A F N O C A B N I V E K E N J G O
N L B M L Y K P F M O O R T R U O C R I
```

BARRACKS

BASEBALL BAT

CAPTAIN

CODE RED

COLONEL

COURTROOM

DANIEL KAFFEE

DAWSON

DEMI MOORE

DRESS WHITES

EVIDENCE

GUANTANAMO
   BAY CUBA

HONOR

JACK NICHOLSON

JACK ROSS

JOANNE GALLOWAY

JONATHAN
   KENDRICK

JUDGE

KEVIN BACON

KEVIN POLLACK

KIEFER
   SUTHERLAND

LIEUTENANT

LOUDEN DOWNEY

MARINES

MATTHEW
   MARKINSON

MESS HALL

MURDER CASE

NATHAN JESSUP

NAVY

OREGANO

PHONE BILL

PRIVATE

SANTIAGO

SAM WEINBERG

STEAK KNIVES

SUBPOENA

TESTIMONY

TOM CRUISE

TRANSFER

TRIAL

WITNESS STAND

Solution on page 166

Cool Hand Luke

```
O X L J B Q F Q B U R I U Z V A P E W A
E R I H F S Y M F P W R W F Z B A N J O
X A Q N H K O K O L D H A I R C U T Y A
I E T O I S O L A T I O N C E L L E X S
N J V I I U C O U C H A I N G A N G H L
X E P T N N B U J K I E J S Y I E O A J
L B O S S G O D F R E Y R D L O W X M K
Y L K U U L C M C M O J O G R E M A A O
V O E A U A H O O B S Z A G R P A Y G X
F O R H E S I U N G G R E C W R N M A Z
R D G X C S L T F T G K Y D K I I L Z J
S H D E R E I H R P E N L Z B S C B I M
Z O S V U S P S O N C S D G D O O B N R
M U L L E T O T N S G N T E H N X N E Y
W N Y R L U W E T K I T M O P C A I S J
A D W H T U D V A A P E L A B A N B N V
R O K H Y Y E E T T A I P A M M C M S G
D W E C V I R P I N C C L U A P S S O B
E R X Z C P A S O C I E T Y R E D D E L
N J U F Z C U R N C E L K G Y G Q S X P
```

ALCOHOLIC
AXE
BANJO
BLOODHOUND
BOSS GODFREY
BOSS PAUL
BOXING
CAPTAIN

CARR
CHAIN GANG
CHILI POWDER
CONFRONTATION
CRUELTY
EATING CONTEST
EGGS
ESCAPE

EXHAUSTION
GRAGLINE
GEORGE KENNEDY
GUARDS
HAIRCUT
ISOLATION CELL
JAIL
KOKO

LOUDMOUTH STEVE
LUKE JACKSON
MAGAZINE
MISDEMEANOR
MOTHER
MULLET
PAUL NEWMAN
PIG
POKER
PRISON CAMP
SHOVEL
SHOWER
SOCIETY RED
SOUTHERN
SUNGLASSES
WARDEN

Solution on page 166

The Shawshank Redemption

```
T B W A R D E N N O R T O N O T X U B W
C B I T A X S E A S O N E X A L R S V C
A Z A A P A Y L M E N I L P I C S I D O
V E S C A P E T E Y R A M R I F N I A H
O W Y S R C L A E C N E T N E S E F I L
H E Y W O O D H R H Y M M O T P Z N X I
I P A D L R A S F E R G A I B O G G S B
R O N D E R H K N S R E T S I S E H T R
J H D R N U N O A S A U T O B T O T C A
T O Y O H P I O G G T N O D L E L R A R
M H D T A T A R R I N G T H E R O O F Y
N H U A R I T B O C I X E M B W G W X C
U R F R M O P N M X E M X N M Y Y Y X A
H T R R O N A E C O C I F I C A P A N I
F H E A N L C I G A R E T T E S B H M L
C E S N I B B O R M I T V X Y P A A N A
B S N Z C S E M B E Z Z L E M E N T K S
Y R E H A B I L I T A T E D K C K I H N
J D Y A X J K N R O C K H A M M E R X O
A X N S H A W S H A N K N O S I R P X T
```

ANDY DUFRESNE

BANKER

BEER

BIBLE

BOGGS

BROOKS HATLEN

BUXTON

CAPTAIN HADLEY

CHESS

CIGARETTES

CORRUPTION

CROW

DISCIPLINE

EMBEZZLEMENT

ESCAPE

GEOLOGY

HARMONICA

HEYWOOD

HOPE

INFIRMARY

INSTITUTIONALIZED

LIBRARY

LIFE

SENTENCE

MEXICO

MORGAN

FREEMAN

NARRATOR

PACIFIC OCEAN

PAROLE

POSTER

PRISON

RED

REHABILITATED

RITA HAYWORTH

ROCK HAMMER

SHAWSHANK

TARRING THE

ROOF

TAX SEASON

THE SISTERS

TIM ROBBINS

TOMMY

TRIAL

WARDEN NORTON

Solution on page 166

The Firm

```
M N A E B B I R A C Q S I R R A H D E R
E J W R D U A R F T T B A R E X A M R T
M Z E I E D C S S O B A I F A M C E E D
P O C A X D I E L E V A T O R T C O E E
H V N G N I R E D N U A L Y E N O M D T
I L A O N N N U L M R I F S A E U I C E
S O L R R F E V M O V H D R B G N T M C
U O L A I A X T E E M E R E U A T C Y T
Y H I L B S I V R S N A B Y D I N H A I
L C E O A E R L F I T Q X W Y B U M R V
F S V T Q B A E H E P I A A A F M C B E
R W R Y U M B C N J L P G L C Y B D O E
J A U R B O A Y H T N I L A H V E E K S
P L S E V M A D M N R L A E T Y R E R V
H R R V X W J H Q C D A M M H I S R E F
Z T I A U F R A M E D P P A K O O E H V
X O F S N A M K C A H E N E G C R N T A
F N V T O M C R U I S E E X U Z A N O P
R F R O Y N H A L H O L B R O O K L R M
N D I D Z H O L L Y H U N T E R Y T B Z
```

ABBY MCDEERE
ACCOUNT
  NUMBERS
AVERY TOLAR
BAR EXAM
BEACH
BLACKMAIL
BROTHER

CARIBBEAN
DETECTIVE
ED HARRIS
EDDIE LOMAX
ELEVATOR
FAX MACHINE
FBI AGENT
FIRM

FRAMED
FRAUD
GENE HACKMAN
HAL HOLBROOK
HOLLY HUNTER
INVESTIGATION
JEANNE
  TRIPPLEHORN

LAW SCHOOL
LAWYERS
MAFIA BOSS
MEMPHIS
MITCH MCDEERE
MONEY
  LAUNDERING
MONORAIL
MURDER
OLIVER LAMBERT
PARTNERS
PRISON
RAY MCDEERE
STOLEN FILES
SURVEILLANCE
TAMMY HEMPHILL
TOM CRUISE
WAYNE TARRANCE
YACHT

Solution on page 166

The Fugitive

```
N O G A C I H C O S M O R E N F R O V X
O N U D R A W A L E S P A R A D E P A A
A M W S S E N O J E E L Y M M O T L P Z
H S W E T T D W F R K E A Z D I P B J K
N A J W Q R P R M P Y N W C E E O X O D
E M R E I C A A U H S N B B M V C D E Y
W U U R L K H I T M K U U K R I I V P M
M E Y T I B U A N R C T S N A T L J A H
A L T R Z S M S R W I O V F E I E D N V
N G L E A P O I P L R C H G N G H E T J
O E A N F A K N K A E E K M O U A P O A
E R N C B T S B F N D S C S T F I U L N
G A E H S E S F X O E G N K D P R T I I
R R P C N N L M S P R L Q I T A D Y A T
U D H O O O A F A E F D E Y C Y Y P N O
S Q T A R H H C G I Z O Y H B H E O O R
C L A T I P S O H Y T N U O C K O O C Z
V T E S G E R I C H A R D K I M B L E P
D U D L E S A H C A M B U L A N C E S H
V Z P C L R M M N Y I P R O V A S I C W
```

AMBULANCE

CHARLES NICHOLS

CHASE

CHICAGO

COOK COUNTY
   HOSPITAL

COSMO RENFRO

DAM

DEATH PENALTY

DEPUTY POOLE

DEVLIN MCGREGOR

ESCAPE

FREDERICK SYKES

FUGITIVE

HAIR DYE

HARRISON FORD

HELEN KIMBLE

HELICOPTER

JANITOR

JOE PANTOLIANO

LEG IRONS

MARSHALS

MURDER

NOAH NEWMAN

ONE ARMED MAN

PARADE

PHONE TAPS

PROVASIC

RICHARD KIMBLE

SAMUEL GERARD

SELA WARD

SEWER

ST PATRICKS DAY

SUBWAY

SURGEON

TOMMY LEE
   JONES

TRAIN WRECK

TRENCH COATS

TUNNEL

Solution on page 166

The Green Mile

```
B O N N I E H U N T N O I T U C E X E G
M I C H A E L C L A R K E D U N C A N D
O H D A V I D M O R S E L K M O Z I U M
C P E R C Y W E T M O R E N J I N L U M
E G A E Y T X R M A G I C W X T T A M L
G N N M O S I W T L W A T Z H U O R O L
D I S O D E O M S L A X R G E T O L O I
E L T H A R R Y T E R W I L L I G E R B
N A A G X O C B R W D L C L L T R N G D
A E N N O O A M A O E T C E I S E B N L
J H T I L M L O I H N O H W V N E I I I
O S O S D A E C T S H M A K E I N T N W
H D N R S D D E J U A H I C S L M T I O
N R R U P N D G A T L A R O U A I E A R
C A E N A I R D C U M N B R O T L R R H
O U D I R L A E K R O K I M M N E B T T
F G R W K E U L E B O S C A F E E U S A
F M U M Y M D U T L R A A S J M D C E E
E D M Z V B E A D A E R B N R O C K R D
Y V V M O O N P I E S E L G N I J R M Q
```

ARLEN

  BITTERBUCK

BONNIE HUNT

BRUTUS HOWELL

CORNBREAD

DAVID MORSE

DEAN STANTON

DEATH ROW

EDUARD

  DELACROIX

ELECTRIC CHAIR

EXECUTION

GREEN MILE

GUARDS

HARRY

  TERWILLIGER

HEALING

JAN EDGECOMB

JOHN COFFEY

MAGIC

MELINDA

  MOORES

MENTAL

  INSTITUTION

MICHAEL CLARKE

  DUNCAN

MOON PIE

MOUSEVILLE

MR JINGLES

MURDER

NURSING HOME

OLD SPARKY

PAUL EDGECOMB

PERCY WETMORE

RESTRAINING ROOM

RIDE THE

  LIGHTNING

SAM ROCKWELL

STRAIT JACKET

TOM HANKS

TOOT

WARDEN HAL

  MOORES

WILD BILL

Solution on page 167

A Time to Kill

```
Y L E E G A D N E R E V E R U T R O T Y
S H E T R P Y T L A N E P H T A E D Z E
Y E L K C U B S U F U R E D R U M Y Y T
V A I A C K J S C G W E N H A I L E Y H
G Y A I R C G H I R Y P R I S O N H P E
D N J B B O C E E L E I D D E R F G R L
B O U M C L E R N R L V N R E R L U E T
C T D R A L L I W S I U O L S E M A J W
H B G E R U L F I Y A O I G U N I N U I
A I E C L B E F L E H C T O O N S O D T
N L O N A A N O B C E O A V M O S C I T
G L M A B R R Z A A E U G E Y V I C C Y
E Y A G R D O Z N P L R E R E X S M E S
O R R I I N A I K S L T R N K E S W C S
F A N R G A R E S N R R G O C R I E I H
V Y O B A S K W X I A O E R I Y P H T D
E C O E N C H A A V C O S Y M R P T S I
N O S K C A J L L E U M A S W R I T U I
U B E A E S T L Q K O N O T N A C A J W
E B B J D E N S H O O T I N G H L M R R
```

BILLY RAY COBB

CANTON

CARL LEE HAILEY

CARLA BRIGANCE

CASE

CHANGE OF VENUE

COURTROOM

DEATH PENALTY

ELLEN ROARK

ETHEL TWITTY

FREDDIE LEE COBB

GOVERNOR

GWEN HAILEY

HARRY REX VONNER

JAKE BRIGANCE

JAMES LOUIS WILLARD

JUDGE OMAR NOOSE

JUSTICE

KEVIN SPACEY

LAWYER

LUCIEN WILBANKS

MATTHEW MCCONAUGHEY

MICKEY MOUSE

MISSISSIPPI

MURDER

NAACP

PREJUDICE

PRISON

REVEREND AGEE

RIOT

RUFUS BUCKLEY

SAMUEL L JACKSON

SANDRA BULLOCK

SHERIFF OZZIE

WALLS

SHOOTING

TONYA

TORTURE

TRIAL

Solution on page 167

Double Jeopardy

```
F J G N I L I A S B U L C T H G I N I P
C S F H K M U R D E R S E A T T L E P O
E C Z S R C R D P A S H L E Y J U D D H
O V S J T R E A K J S F T O M A T O E S
L D N I S L C Q N E W O R L E A N S G Y
U L O U I S I A N A M H E L S I V A R T
O N S U E D F K Y M F U G I T I V E B U
F T R Q B F F H Y I N T E R N E T S Q A
X P A D U L O L B K A H G L V E T F K E
U X P S E U E Q A O Y T T A M C T F N B
H A K O S E L J B G A L L E R Y C U X B
J N C E J R O Y E A Z L C H L T P C K E
N G I O R A R M C O A S T G U A R D J X
S I N S U R A N C E P O L I C Y C N Q G
W E O B E R P L K A S A R G I D R A M I
S G S F G L I B B Y P A R S O N S H H K
S R I A G Q J B U N U N E D R A G F C S
H E R E V E N G E F I N K N Y L E V E P
W E P K B E N K M C M O J Z S M F I T T
T N I F F O C C U S Q G M Z R J U P F J
```

ANGIE GREEN	DOUBLE	HALFWAY HOUSE	MARDI GRAS
ART	JEOPARDY	HANDCUFFS	MARGARET
ASHLEY JUDD	ESCAPE	INSURANCE	MATTY
AUCTION	EVELYN	POLICY	MURDER
BEAUTY SHOP	FERRYBOAT	INTERNET	NEW ORLEANS
CEMETERY	FUGITIVE	KNIFE	NICK PARSONS
COAST GUARD	GALLERY	LIBBY PARSONS	NIGHTCLUB
COFFIN	GARDEN	LOUISIANA	PAROLE OFFICER
			PRISON
			REVENGE
			SAILING
			SEATTLE
			TOMATOES
			TOMMY LEE JONES
			TRAVIS LEHMAN

Solution on page 167

The Juror

```
O Q Z I G W R O R U J E S X V I J G C D
B V P F E N O O B V S J E Z F E U J R T
L F B A Y S T N E C N I V J A D A I Z Y
F I P Z S P C K A C K O H I T M A N X T
T R I A L T O S O A C E I Z E L Y P H V
A Z J U R Y D U T Y D R W S R Y L E K K
H V C N N A R R P D K K G E S R T I O U
O S A M P T D V I O Q A V F X E L N B S
E C R F R D I E C A N I Z A A L S F C U
B R B O S I N I W D L A B C E L A B L X
K Q O N L E X L O O A E H S F A P E O K
V M M O N E M L D R I E I T N G H O I N
L K B T M V F A S Z R R U N H T O D Z U
Q U Y G W I O N G Z S M E D N R N E H R
S J U U N C M C M O T H E R H A E E E D
J W U I J O S E P H E R O U P I T A Z K
X Q S L D J W I D C I D L P S F A V T N
J V A T I Z M J H W N I I Z U A P G Y J
R S Q Y R E T E M E C N R V K M S I P Q
G U Z Y M V T I Y P G O V G V C A Q L Y
```

ALEC BALDWIN

ANNE HECHE

ANNIE LAIRD

ART GALLERY

BOONE

CAR BOMB

CEMETERY

COURTROOM

DEMI MOORE

DOCTOR

DRUNK

EDDIE

HITMAN

JAMES

GANDOLFINI

JOSEPH

JULIET

JUROR

JURY DUTY

KIDNAPPING

MAFIA

MEXICO

MOTHER

NOT GUILTY

OBSESSION

OLIVER LAIRD

PARADE

PHONE TAPS

RODNEY

SCULPTOR

SURVEILLANCE

THE TEACHER

THREAT

TRIAL

VIDEO GAMES

VINCENT

WIRED

Solution on page 167

CHAPTER 8: It's Beginning to Look a Lot Like Christmas

Elf

```
T S J T L H U W A L T E R H O B B S A L
F U A J R E V O L V I N G D O O R N M E
V A M N A L E N A H C S E D Y E O O Z A
T L E M T T J W S L E B M I G S O T J H
P C S I A A S D I O P T L N X R K T D C
G A C L K R S I Y L Q A A E L F N U E I
L T A E P P G W L Q L R S I L I O B C M
B N A S Q A A S O Y K F A E S E R R O O
J A N F D D E P A R T M E N T S T O R E
G S O I O F N E A M K H K R H G H T A D
N O O N C E I P H E T S G T R S P A T W
I R C C T V L G H Y L S H U Y E O V I A
T P C H O A I G D I F F I O A D L E O R
A H A J R E E D N I E R T R P N E L N D
K A R T L U U H C T E K S A H C T E S A
S N N S N B E B N E W Y O R K C I T Y S
E E E F F O C T S E B S D L R O W D E N
C H I L D R E N S B O O K Z D D N V J E
I T T E H G A P S E S N O W B A L L S R
R A G U S Y R U P T A N I I C E M I L Y
```

BUDDY THE ELF
CANDY
CENTRAL PARK
　RANGERS
CHILDRENS BOOK
CHRISTMAS
　GRAM
DECORATIONS

DEPARTMENT
　STORE
DOCTOR
EDWARD ASNER
ELEVATOR
　BUTTONS
ELVES
EMILY

ETCH A SKETCH
GIMBELS
ICE SKATING
JAMES CAAN
JOVIE
MAIL ROOM
MICHAEL
MILES FINCH

SUGAR
SYRUP
TOYS
WALTER HOBBS
WILL FERRELL
WORLDS BEST
　COFFEE
ZOOEY DESCHANEL

NAUGHTY LIST
NEW YORK CITY
NORTH POLE
ORPHAN
PAPA ELF
RACCOON
REINDEER
REVOLVING DOOR
SANTA CLAUS
SANTAS WORKSHOP
SLEIGH
SNOW BALLS
SPAGHETTI

Solution on page 168

Home Alone

```
S E N K F Q G V C R O W B A R P H M J S
F C S R E H T A E F Z Z B U N Q Y R H M
I N T A E C W Y E G A T U O R E W O P T
T A R A N T U L A Z I W Z B P G V A J C
Z R E T S T S U Z P M C Z K G E L T W M
O F E U H K A I V T M M S E L E T A K I
I I H N K E P C L D A N I E L S T E R N
Y T O C S E W J L L C H H R P L I O R Y
V O U L S F N E G A A U N T L E S L I E
S O S E N L G G T B U C D S D O O D O P
N T E F M O O W M B L S C A I G M J P D
A H P R P O L K A B A N D M K A R A T M
C B A A X D D R E I Y N E T N C R H D F
T R S N O I T A R O C E D S N I S U O C
N U S K P N O P C J U E D I S H V F M K
I S P T M G O D E E L F I R T C P E Y P
A H O A R R T R C S K K J H C S P R K P
P P R L T B H T I R I O H C H C R U H C
Y V T P B A S E M E N T R W R A R J H V
A X S F C H W Z V C C Q Q B H Z Q H V C
```

AIRPORT
AUNT LESLIE
BASEMENT
BURGLARY
BUZZ
CHEESE PIZZA
CHICAGO
CHRISTMAS TREE
CHURCH CHOIR
COUSINS
CROWBAR
DANIEL STERN
DECORATIONS
FEATHERS
FLOODING
FRANCE
GOLD TOOTH
HARRY

ICE CREAM
IRON
JOE PESCI
KATE
KEVIN
MCCALLISTER
MACAULAY
CULKIN

MARV
PAINT CANS
PARIS
PASSPORTS
PETER
POLKA BAND
POWER OUTAGE
RIFLE

SANTA CLAUS
SHOVEL
SLED
TARANTULA
THE WET BANDITS
TOOTHBRUSH
TREEHOUSE
UNCLE FRANK

Solution on page 168

National Lampoon's Christmas Vacation

```
T S O P L E W E N A S A N T A C L A U S
Y K C O R E X T E N S I O N C O R D S H
C H I C A G O L E G N A D Y L R E V E B
S W I M M I N G P O O L W G F U C E D O
A F S Q U I R R E L O D R Q S S R S P J
D R Y T U R K E Y W R A E Y R T E H R A
V A E K C E H C S U N O B H S Y A O E R
O N R W I P I I M D N U H A T G T P S A
C K D D O T R R P G R V M J V T I P E N
O S U N T G O A M J I T M A R G O I N D
U H A A N L R E W E S M R O T S N N T Y
S I W E L E T T E I L U J T A M A G S Q
I R L U N C L A R K G R I S W O L D J U
N L N T I S T H G I L E S U O H V Z C A
E E S K T G C J O H N N Y G A L E C K I
D Y N A H T E B T N U A W T F J H J D D
D K G O N G G E M K I D N A P P I N G S
I C H A I N S A W S I W E L E L C N U Z
E N I R E H T A C W M E T A L P L A T E
I G N I D D E L S E S A H C Y V E H C L
```

JOHNNY GALECKI
JULIETTE LEWIS
KIDNAPPING
MARGO
METAL PLATE
NEWEL POST
RANDY QUAID
RECREATIONAL
  VEHICLE
ROCKY
RUBY SUE
RUSTY
SANTA CLAUS
SHOPPING
SLEDDING
SNOT THE DOG
SQUIRREL
STORM SEWER
SWIMMING POOL
TODD
UNCLE LEWIS
USED PRESENTS

ATTIC
AUDREY
AUNT BETHANY
BEVERLY
  DANGELO
BONUS CHECK
CATHERINE
CHAIN SAW

CHEVY CHASE
CHICAGO
CLARK GRISWOLD
COUSIN EDDIE
DRUM ROLL
DRY TURKEY
EGGNOG
ELLEN GRISWOLD

EXTENSION
  CORDS
FRANK SHIRLEY
GIANT
CHRISTMAS
  TREE
GRANDPARENTS
HOUSE LIGHTS

Solution on page 168

Miracle on 34th Street

```
K R I M A G I N A T I O N G R J Q Y Q S
G E O S A N T A C L A U S C S H M O A T
X O Q J E I P M C S N D C E N A C M R O
K J J G Z R P O S T O F F I C E T E E C
M N O N W A O N C R O H J Y I S T K K K
B N H I A E H T I A F R S Z I I C R L I
G R N V Y H W S S A X O I R R O R I A N
K T P I I L W M R T W T H E M O E S W G
D Q A G E A S W S Z N C M M O B A K N S
N N Y S L M Y M A U R E E N O H A R A E
O B N K K R O Y W E N R M I B D Q I S W
L Y E N R O T T A T C I R T S I D N U H
A R D A D F L R H I V D E D R A V G S I
N W L H V F E O A J C S G O N A J L H T
P O Z T T Y M L A I R T K G W U P E T E
A D O O W E I L A T A N U E D S M E M B
R E P A P S W E N N N E W G D N U M D E
A F L Q M A I K M E U V E L L E B A A A
D Q M F R E D G A I L E Y M J O H L S R
E T O S F G M A N H A T T A N O P S Y D
```

ACTOR

BELLEVUE

CANE

CHRISTMAS

COMMERCIALISM

DEPARTMENT
  STORE

DISTRICT ATTORNEY

DORIS WALKER

EDMUND GWENN

EVENTS DIRECTOR

FAITH

FORMAL
  HEARING

FRED GAILEY

JOHN PAYNE

JUDGE

IMAGINATION

KRIS KRINGLE

LAWYER

MACYS

MANHATTAN

MAUREEN OHARA

NATALIE WOOD

NEW YORK

NEWSPAPER

PARADE

POST OFFICE

RETIREMENT
  HOME

SANTA CLAUS

STOCKINGS

SUSAN
  WALKER

THANKSGIVING

TOYS

TRIAL

WHITE BEARD

Solution on page 168

Jingle All the Way

```
U P T E F D T F N X N E J N T Q F W O A
P S Z L B N F P O S T A L W O R K E R S
C I K M W T U R B O M A N C X X X N E A
O N O S L I W A T I R H E H W K O C H N
O B S N I A H C E R I T F R P L M G R T
K A R A T E C L A S S A O I D A R J E A
I D A H O W A R D L A N G S T O N U P C
E A V S T N E S E R P J C T L M G Q U L
S C E G G N O G L T Y H Y M J N V N S A
A T O S E N N I M H W E D A R A P A F U
G I T V B X C O N A R T I S T S C M T S
N O G I F T C E R T I F I C A T E T O E
N N D K J O G Z E E B A R A L N O R Y M
E F O C E V E S A M T S I R H C C A S U
L I Z L A N G S T O N B F O D K R H T T
B G L R E C I F F O E C I L O P E L O S
P U P G J A M E S B E L U S H I H I R O
R R G N I P P O H S W P L C E Y T H E C
T E D M A L T I N S A N T A S L A P H Q
R O B H G I E N X R H T Z A M Z F U D W
```

ACTION FIGURE
ARNOLD SCHWAR-
   ZENEGGER
BOMB
CHRISTMAS
   CAROLS
CHRISTMAS EVE
CON ARTISTS

COOKIES
COSTUME
EGGNOG
ELF
FATHER
GIFT CERTIFICATE
   LANGSTON

JAMES BELUSHI
JAMIE LANGSTON
KARATE CLASS
LIZ LANGSTON
MALL
MINNESOTA
MYRON LARABEE
NEIGHBOR

PARADE
PHIL HARTMAN
POLICE OFFICER
POSTAL WORKER
PRESENTS
RADIO
RITA WILSON
SANTA CLAUS
SANTAS LAP
SHOPPING
SINBAD
SUPERHERO
TED MALTIN
TIRE CHAINS
TOY STORE
TURBO MAN

Solution on page 168

Scrooged

```
B B K J O H N F O R S Y T H E X P M I L
M B O C N Y D T C I P A A N T L E R S B
V G E Z W E I O H A I D S T N E S E R P
S S O R C K N A R F L O D I E C C E E E
E G T H E R N S I R L O N N L G D Y C Z
V N E O L U E T S I I F V Y L N R A N G
I I L M E T R E T S H E S E A I A I A S
T W T E V N M R M B P S N L N D W L D T
U T S L A U P D A E E E E O E L Y E D S
C A I E T G A B S E R N K O R I A G L O
E X M S O T R L C T I I C C A U H N O H
X I O S R O T Q A H A H I E K B W A G G
E C U S T H Y Z R E L C D C H C E E D E
W A N H L S M N O D C R S A F B L I I E
Y B E E L I O T L O U D E R M I L K L R
G R W L C T U X E G M C L G N K U N O H
S O Y T S H S L I V E B R O A D C A S T
T W O E G S E V I N K K A E T S Z R S P
Y A R R U M L L I B A T H T U B U F P X
D P K S G N I M M U C E C I R B O N U S
```

ANTLERS

BATHTUB

BILL MURRAY

BONUS

BRICE CUMMINGS

BROTHERS

CHINESE FOOD

CLAIRE PHILLIPS

CHARLES DICKENS

CHRISTMAS CAROL

COSTUMES

DINNER

ELEVATOR

ELIOT LOUDER-
   MILK

EXECUTIVE

FRANK CROSS

FRANKIE ANGEL

FRISBEE THE DOG

GRACE COOLEY

HOMELESS SHELTER

IBC BUILDING

JOHN
   FORSYTHE

KAREN ALLEN

LEW HAYWARD

LIVE BROADCAST

MISTLETOE

MOUSE

NEW YORK

PARTY

PRESENTS

PRESTON

RHINELANDER

SHOTGUN

SOLID GOLD
   DANCERS

STEAK KNIVES

TAXI CAB

TOASTER

TOWEL

TURKEY

THREE
   GHOSTS

WINGS

Solution on page 168

It's a Wonderful Life

```
T N Y E H H M A R G E L E T Z K J M Q N
N A I R A R B I L D D T F C W U I A A O
C A S H R E G I S T E R S H R N T B B S
H L O Q L A J C D L T A E R O C T A R I
E E O L H L H V O T M R V I N L E I I O
E L S O D J A I E W O A T S O E R L D P
O V C K P N V S A T W A T T H B B E G J
E M K K D G A I S W V H R M F I U Y E A
B O A R D I N G H O U S E A O L G R O M
O N K R Z W U I N P S E B S L L S E R E
R E V I R R I E M I R T B T A Y H T G S
B Y Y I D I R N X M D A H R D N K T E S
A N G E L E A F G B I L Y E E N C O B T
R H Q S S L M G A S H W I E M I I P A E
T A Z U Z U S P E T A L S U R O N Y I W
E J O S L L A F D R O F D E B S O R L A
N H P L N P M O B A N K E X A M I N E R
D I N I T R A M R M A R Y B A I L E Y T
E C N E R A L C D E E R A N N O D H V X
R E W O G R M S U I T C A S E I N N A D
```

HOUSE RENOVATION
JAMES STEWART
JITTERBUG
LASSOS THE MOON
LIBRARIAN
MA BAILEY
MARRIAGE
MARY BAILEY
MEDAL OF HONOR
MONEY
MR GOWER
MR MARTINI
NICK
POISON
PRAYERS
RIVER
ROBE
SAM WAINWRIGHT
SUITCASE
SWIMMING POOL
TELEGRAM
UNCLE BILLY
VIOLET
WINGS
ZUZUS PETALS

ANGEL
ANNIE
BANK EXAMINER
BARTENDER
BEDFORD FALLS
BELLS
BERT

BOARDING
  HOUSE
BRIDGE
BUILDING AND
  LOAN
CASH REGISTER
CLARENCE

CHRISTMAS TREE
DONNA REED
DRUGSTORE
ERNIE
GEORGE BAILEY
HARRY
HENRY POTTER

Solution on page 169

Christmas with the Kranks

```
D L I S R O Y H E G A T U O R E W O P T
E U G K J S M O K E D T R O U T D W R N
C T E I K S I R B A Z R E H T A F U O E
O H E P C H E E C H M A R I N L E L C M
R E R P U Y R A L G R U B C L O N Z E E
A R T I B L A I R K R A N K L C R J C G
T K D N S A J C H I C A G O A O I W A A
I R E G C T A D Q I H G X R M H Q A E G
O A W C O N M T Z R C D I Y G C U L P N
N N O H U A I A H E Q B N H N E E T S E
S K R R T S E N S Y B F I O I T D S T C
O N R I S A L N B E E R K N P I A C I N
C A O S N L E I A M V E I E P H N H M A
A R B T P L E N S H S E B Y O W A E A L
T K U M G E C G E O C F P H H U Y E L U
H A H A N R U B M R H R D A S T K L L B
S R M S U B R E E F E O O M R V R G E M
I O W I Q M T D N C E S H X O T O B N A
F N S M F U I X T I L T M A R T Y Y C E
L E K I P S S E Z V U Y Z M A F D R B K
```

AMBULANCE

BASEMENT

BEV SCHEEL

BIKINI

BLAIR KRANK

BORROWED TREE

BOTOX

BURGLARY

CARIBBEAN CRUISE

CHEECH MARIN

CHICAGO

CHRISTMAS
EVE PARTY

CUB SCOUTS

DAN AYKROYD

DECORATIONS

ENGAGEMENT

ENRIQUE

FATHER ZABRISKIE

FISH TACOS

FREE FROSTY

HICKORY HONEY
HAM

JAMIE LEE
CURTIS

LUTHER KRANK

MARTY

NORA KRANK

PEACE CORP

POWER OUTAGE

SHOPPING MALL

SKIPPING
CHRISTMAS

SMOKED TROUT

SPIKE

TANNING BED

TIM ALLEN

UMBRELLA
SANTA

VIC FROHMEYER

WALT SCHEEL

WHITE
CHOCOLATE

Solution on page 169

How the Grinch Stole Christmas

```
S K S A M T S I R H C G N I L A E T S H
E C N R W C E M U T S O C A T N A S U V
O X O M R M O U N T C R U M P I T G B E
I C W G A W Y A H A L G O D L I H C Z Q
C R F C P S F G L N U F H T P P V E E D
I T L B P N I C N S H O P P I N G L R Y
P S A I I L O J T W P P P A N M Z E O U
C N K F N N T U Y E R R A C M I J B C J
S L E I G H S E E R T S A M T S I R H C
Y X F O P M A X B I V N V A S T I A I A
R E N G A G E M E N T R I N G L Q T L V
B H P Y P Q F V T G A R B A G E O I L E
F S W V E K M S T M D G Q C F T C O I I
W H O B R I S H Y A D U A D F O E N B V
O H W U O L U O L C Y X F S S E U S R D
O R R O R E I V O H W Y A M A H T R A M
R U I O W O V I U I M F P R E S E N T S
J J Y I K Z Y Q W N A R R A T O R J O I
A A W G R I N C H E B J D K R P O P R Q
M B C I N D Y L O U W H O V I L L E Z W
```

ANSWERING MACHINE

AUGUSTUS

MAYWHO

BETTY LOU WHO

CAVE

CELEBRATION

CHILD

CHRISTMAS TREE

CINDY LOU WHO

CONGO

DOG

DR SUESS

ENGAGEMENT RING

FEAST

FUDGE

GARBAGE

GRINCH

JIM CARREY

LIGHTS

LOU LOU WHO

MARTHA MAY

WHOVIER

MASK

MAX

MAYOR

MISTLETOE

MOUNT CRUMPIT

NARRATOR

PRESENTS

SANTA COSTUME

SHOPPING

SLEIGH

SNOWFLAKE

STEALING CHRISTMAS

SUBZERO CHILLIBRATOR

WHOBRIS

WHOVILLE

WRAPPING PAPER

Solution on page 169

A Christmas Story

BROKEN GLASSES
BROTHERS
BULLIES
BUNNY COSTUME
CHINESE FOOD
CHRISTMAS TREE
DAYDREAM
DEPARTMENT
   STORE
DUCK
FIGHT
FLAT TIRE
FLICK
FRAGILE
FUDGE
FUSE BOX
ICE CYCLE
INDIANA
LEG LAMP
LIFE BUOY SOAP
LITTLE ORPHAN
   ANNIE
MAJOR AWARD
MEATLOAF
MISS SHIELDS

MRS PARKER
OUT OF GLUE
OVALTINE
PIGGY
RALPHIE
RANDY
RED RIDER
   BB GUN

SANTA CLAUS
SCHWARTZ
SCUT FARKUS
SECRET DECODER
   RING
SHOOT YOUR
   EYE OUT
SNOW

THE OLD MAN
THEME PAPER
TINKER TOYS
TRIPLE DOG
   DARE
TURKEY
WOODEN CRATE

```
H R P T E E T A R C N E D O O W G Q P C
L A M A J O R A W A R D A Y D R E A M N
I L A V S M E A T L O A F R A G I L E T
T P L H F E R R D A N A I D N I Z X Q H
T H G K S C S S E G L F L A T T I R E G
L I E Z C H M S P D O V A L T I N E M I
E E L A E I O L A A R D H X O B E S U F
O E S K P N L O R L R I E Y G G I P T X
R R F D S E T F T A G K D L V F N S S S
P T Y U L S Q H M Y N N E E P V E I O U
H S E C R E T D E C O D E R R I N G C A
A A K K E F I D N M X U Y K L B R O Y L
N M R R U O X H T Z E F R L O A B T N C
A T U O L O R L S S T P U E T R W G N A
N S T E G D U F T S E B A X Y D B M U T
N I L I F E B U O Y S O A P F E J K B N
I R B R O T H E R S D I K W E W O N S A
E H X A T K T H E O L D M A N R Z U R S
F C S C U T F A R K U S S C H W A R T Z
X R S Y O T R E K N I T E L C Y C E C I
```

Solution on page 169

CHAPTER 9: Love in Manhattan

Breakfast at Tiffany's

```
F C L T T C E K R E R J J A D W C L X F
C I H H K L C O P S Y N A F F I T C G C
X C R A C K E R J A C K S R M P E N Q B
O S I E M G E O R G E P E P P A R D T Q
B E O G E P F P V B E D N M R U O W V U
E S R T A S A D T A C Y T A B L T E S Q
N S W O G R C G P E Y L I P A V S R P A
O A K R T Z E A N B B T E J C A E O D T
H L C Y I S R T P E P H G N I R M T E U
P G Y G L T R T T E Y G M R X J I S N T
E N O C M A E R C E C I T Z A A D Y E K
L U Y E L L A R R R H L V J T K R R W N
E S N P E A L D O C G O L I G H T L Y I
T T A G A I U B H F O G L G Y C N E O T
N R R K B A N E S B E Y D D U B O W R T
K A I R O O D G N I V L O V E R U E K I
M C A S S E R D K C A L B Q G R A J L N
V R E A R P L U G S H O P L I F T I N G
Y W W H B A N A T T A H N A M X I M N J
S M W R C C W K Y R H Y I P F Q T T K X
```

ALLEY
APARTMENT
AUDREY HEPBURN
BLACK DRESS
BUDDY EBSEN
CAT
CENTRAL PARK
CHAMPAGNE

CHECK
CIGARETTE
HOLDER
CRACKER JACKS
DIME STORE
DOC GOLIGHTLY
EAR PLUGS
FIRE ESCAPE

FRED
GEORGE PEPPARD
HOLLY GOLIGHTLY
ICE CREAM CONE
JEWELRY STORE
KNITTING
LIBRARY
MANHATTAN

NEW YORK
PARTY
PAUL VARJAK
RAIN
REVOLVING DOOR
RING
SHOPLIFTING
SUNGLASSES
TAXI CAB
TELEGRAM
TELEPHONE BOX
TIARA
TIFFANYS
WRITER

Solution on page 170

When Harry Met Sally . . .

```
E R O L O D E X Z M U E S U M R N D W U
C U E B I L L Y C R Y S T A L B O A O H
R A I R P O R T H E L E N Q E O G P A Z
O B R U N O K I R B Y H W D C O A A L Z
V Z C R N M A R I E A Y I X N K C R I D
I N A Y I J E S S T G S J W A S I T C S
D P S S G E L C T S K A H O N T H M E X
M N A U H S F A M R G E C I E O C E N Q
G A B O T A N I A A E N S G T R F N T J
L Y L L G L F D S L H Q I V N E O T R H
F R A A O L J H T H L O E T I I Y Q A A
R G N E W Y E A R S E V E P A R T Y L R
I E C J N A B R E T I R W R M D I T P R
E M A G L L A B E S A B N I H I S C A Y
N Q K L E B Z Z W E D D I N G D R L R B
D Y M K A R A O K E M A C H I N E X K U
S P I C T I O N A R Y H I N H E V C N R
H M V G F G Y T R E T A E Y K C I P U N
I E V Z K H Q D F M K R O Y W E N S U S
P M J T E T S I L A N R U O J S U P R R
```

AIRPORT
ALICE
APARTMENT
BASEBALL GAME
BATTING CAGE
BILLY CRYSTAL
BOOK STORE
BRUNO KIRBY
CARRIE FISHER
CASABLANCA
CENTRAL PARK
CHRISTMAS TREE
DARK SIDE
DATING
DINER
DIVORCE
FRIENDSHIP
HARRY BURNS
HELEN
HIGH MAINTENANCE
JEALOUSY

JESS
JOE
JOURNALIST
KARAOKE
    MACHINE
MANHATTAN
MARIE
MEG RYAN

MUSEUM
NEW YEARS
    EVE PARTY
NEW YORK
NIGHTGOWN
PICKY EATER
PICTIONARY
ROLODEX

SALLY ALBRIGHT
UNIVERSITY OF
    CHICAGO
WAGON WHEEL
    TABLE
WEDDING
WRITER

Solution on page 170

Annie Hall

```
G G N T L O B S T E R M E C R O V I D A
W G E A B A N S R B R O O K L Y N N U G
R Q L L R Y S O M L F V B W J C A A H E
E N L K E R T R E G N I S Y V L A T O U
T V A S A S A R A L L E L S S W H T A X
S N Y H K Z O T A E I T Q I P E N A U A
A W D O U S I A I P H H Y N I I R H T P
E N O W P R M Y B O S E D N D V E N O N
L B O L L A H E I N N A R E E R T A G I
B V W T T C K D R O U T M T R E S M R F
I J U C A R A C C I D E N T N T A A A R
T S I R O E H T Y C A R I P S N O C P E
R F Z Y Q P K B J S E Z N N G I C L H P
E T W V I M Y E C A L Y N O T B R G R O
V E Q U O U C A N N Z A B U U O E H N R
N U H C J B P C R A H S I W E J L C C T
O Q S E Y A D H T R I B A I R P L A N E
C N M V V G L Q N A I D E M O C O W F R
V A N O S I L L A B T E U Q C A R A H Y
O B H L W V O T I K P C E Y M B C X J S
```

CONVERTIBLE
DIANE KEATON
DIVORCE
EASTER
JEWISH
JOB INTERVIEW
LOBSTER
LOVE
MANHATTAN
MOVIE THEATER
NARRATION
NEW YORK
RACQUETBALL
REHEARSAL
REPORTER
ROB
ROLLER COASTER
SPIDER
TALK SHOW
TENNIS
TONY LACEY
WOODY ALLEN

AIRPLANE
ALLISON
ALVY SINGER
ANNIE HALL
AUTOGRAPH
BANQUET
BAR

BEACH
BIRTHDAY
BOOK STORE
BREAK UP
BROOKLYN
BUMPER CARS
CAFÉ

CAR ACCIDENT
CHRISTMAS
 PARTY
COMEDIAN
CONEY ISLAND
CONSPIRACY
 THEORIST

Solution on page 170

Hitch

```
Q A J Z R O T I D E P V W E D D I N G P
Y B T N A T N U O C C A S E Y N K H I J
H R E P O R T E R X L S T U N H G U O D
J T B L N S M P F K G N I X A W Y D O B
E O S A G O S S I P C O L U M N I S T G
T L E Y S V Z E Y G R E L L A D O O F M
S E M E A I T I L M Z E Z Z N Y C N C A
K G A R L A C A D E A P C Z N S V R O R
I N J R L L M P D A C N G Q E N E I F T
S A N K E N I N R D C N H F R I N V F I
A L I W G P E S A I I F A A B H P E E N
L E V L R M A T I T N S O D T C W R E I
E H E R A G E P A S H C N R R T L G R G
M C K V C D M D S I L K I Y E I A F O H
A I E J O R D D O W Q A H P B H A N T T
R M Q C L E T N G N E N N I L X C N S C
A F T S E S S A L G G N I D A E R T G L
S O C P G H F I R S T K I S S L S Z U U
R Z S T O C K B R O K E R Q M A X K R B
R N C W I L L S M I T H E I R E S S D H
```

ACCOUNTANT
ALBERT
  BRENNAMAN
ALEX HITCHINS
ALLEGRA COLE
BASIC PRINCIPLES
BODY WAXING
BUTCHER OF CADIZ
CASEY
COFFEE
DANCE LESSON
DATE DOCTOR
DOUGHNUTS
DRUG STORE
EDITOR
ELLIS ISLAND
EVA MENDEZ
FASHION SHOW
FIRST KISS
FOOD ALLERGY

GOSSIP
  COLUMNIST
HEIRESS
HITCH
HUDSON RIVER
JET SKIS
KEVIN JAMES
MANHATTAN

MARTINI
MAX
MICHELANGELO
NEWSPAPER
NIGHT CLUB
PLAYER
READING
  GLASSES

REPORTER
SARA MELAS
SPEED
  DATING
STOCKBROKER
WALKIE TALKIE
WEDDING
WILL SMITH

Solution on page 170

One Fine Day

```
D E A D L I N E G D P T A X I C A B S S
F M R X K N V S E N O H P L L E C M U E
J A C K T A Y L O R B W P B Q H I M Y L
S G H R F S R E T N E C E R A C Y A D B
U R I S M D I W N D M S Q R H E R N A R
P E T E R P A N C O M P L E X K E H L A
B C E R O Y K Y G B O E L F J R T A L M
T C C E T L M A A L S L V R M A R T E E
A O T P S R E D E D E F C R A P A T R T
O S H O N G L O U P K P H E G L C A B I
C A F R I R A R F I R R A R G A T N M C
N O I T A T N E S E R P I R I R I A U T
I L O E R I I H I T B B J S E T O M D A
A K A R N F E R R Y B O A T T N N E F C
R O D G F T P E C R O V I D A E T W G S
M C R E K R A P Y M M A S P Y C N S N T
A Y R G U W R U X P I R T D L E I F B C
N E W Y O R K S H S I F D L O G N T O C
N M A E R C E C I Z O F O D R A Z I W Q
Y P R T S I R T A I H C Y S P B X F F G
```

ARCHITECT
CELL PHONES
CENTRAL PARK
CHARLES
    DURNING
DAY CARE
    CENTER

DEADLINE
DIVORCE
FERRYBOAT
FIELD TRIP
GEORGE
    CLOONEY
GOLD FISH

ICE CREAM
JACK TAYLOR
KRISTEN
LEW
MAGGIE TAYLOR
MANHATTAN
MANNY

MARBLES
MELANIE PARKER
MICHELLE PFEIFFER
NEW YORK
PETER PAN
    COMPLEX
PRESENTATION
PSYCHIATRIST
RAIN COAT
RAIN STORM
REPORTER
RETRACTION
SAMMY PARKER
SINGLE PARENTS
SOCCER GAME
SUPER HERO DAY
TAXI CABS
TIC TACS
UMBRELLA
WIZARD OF OZ

Solution on page 170

Serendipity

```
L V Z C E N T R A L P A R K F R Z F M O
V L A R S H A M M O N D E E C N A I F B
F I V E D O L L A R B I L L F R A C S I
S A P D I P B L O O M I N G D A L E S T
J G N I P P O H S S A M T S I R H C M U
M O K T S N E V I P Y M E R E J N R O A
L L A C E R O T S E G A W E N E V E K R
T F T A V P T N E M E G A G N E V A E Y
M B E R O T S T N E M T R A P E D M D P
U A B D L Y T I P I D N E R E S C E E O
S L E R G D Q T S A M O H T A R A S T C
I L C E E E D C O O L H A N D L U K E N
C S K C R A B S S A N F R A N C I S C O
V Y I E E N K C A Z U C N H O J K T T B
I N N I M K M I C E S K A T I N G P O R
D I S P H A M O L L Y S H A N N O N R A
E T A T S N T T E B R O C N H O J E Q C
O S L K A S E S R U P F F O K C O N K Y
J E E V C K O O B D E S U J Y E L L A H
W D Z Y P Y S W A L Y C A V I R P L A K
```

BLOOMINGDALES
CARBON COPY
CASHMERE GLOVES
CENTRAL PARK
CHRISTMAS
  SHOPPING
COOL HAND LUKE
CREDIT CARD
  RECEIPT
DEAN KANSKY
DEPARTMENT STORE
DESTINY
ENGAGEMENT
EVE
FATE
FIANCEE
FIVE DOLLAR BILL
GOLF BALLS

HALLEY
ICE CREAM
ICE SKATING
JEREMY PIVEN
JOHN CORBETT
JOHN CUZACK
JONATHAN
  TRAGER

KATE BECKINSALE
KNOCKOFF
  PURSES
LARS HAMMOND
MOLLY SHANNON
MUSIC VIDEO
NEW AGE STORE
OBITUARY

PRIVACY LAWS
SAN FRANCISCO
SARA THOMAS
SCARF
SERENDIPITY
SMOKE
  DETECTOR
USED BOOK

Solution on page 170

Two Weeks Notice

```
M A T T R E S S R E V R A C E N U J D O
M A J C I F F A R T N K H V W Y B C S U
W Z N K N T S O E D A W D R A W O H H S
T N A R G H G U H B I X N W V N A R E B
G L E A E C C E L L P H O N E R Y Y A K
D M K M O A O V E Q K G B Y V W H S S N
P U A D R Y M I T H C J I A L Y E L T P
Z S C N G K M E O P O S R E L B R E A E
D R U A E R U T H B L D S T A Y I R D G
R O F L W X N E I A L N H L B E A B I F
P D O F A I I N N A U E L R G N N U U L
T N T F D M T D W O B G E E N R O I M G
T E E R E E Y S C H A A G T I O I L A G
U V N O R S C F N M R S A P K T L D N W
Q T N V U H E H E Y D S L O C T L I H E
W E I B O I N N E A N A A C E A I N A D
C E S O H E T Y I S A M I I R R B G T D
W R L C S P E E C H S K D L W A C D T I
D T O N Y R R A L U C Y K E L S O N A N
T S K O O R B L Y R E M S H O P P I N G
```

ATTORNEY
BASEBALL GAME
BILLIONAIRE
CELL PHONE
CHESS
CHIEF COUNSEL
CHINESE FOOD

CHRYSLER BUILDING
COMMUNITY CENTER
CONEY ISLAND
GEORGE WADE
HARVARD LAW SCHOOL

HELICOPTER
HOTEL
HOWARD WADE
HUGH GRANT
JOB INTERVIEW
JUNE CARVER
LANDMARK
LARRY

LEGAL AID
LUCY KELSON
MANHATTAN
MASSAGE
MATTRESS
MERYL BROOKS
POEM
RUTH
SANDRA BULLOCK
SHEA STADIUM
SHOPPING
SPEECH
STREET VENDOR
TENNIS
TOFU CAKE
TONY
TRAFFIC JAM
WEDDING
WRECKING BALL
YACHT

Solution on page 171

You've Got Mail

```
Z E W I E M C B C D O C O M P U T E R F
N P G U B R O O K L Y N B R I D G E W R
M Y Y R C U B A F Z S Y C G S W N I B A
N E W Y O R K Q Z F W V Y M K R N H G N
Z Y L F R E T T U B E M N G O D N K N K
V T I L R O G D A B N E Y C O L E M A N
Y I N T E R N E T A L E E W B O A T T A
L U C T D B A Y S S F H D F S F H V T V
A R O O R U A I O O T I R N N L C T A A
P X M M O V U N X D S E A O E I H N H S
T N P H S M F B N P N Y E E R A R A N K
O U E A E O O U L A R N N F D M I R A Y
P A T N X O O A X G L K N G L E S U M A
U U I K K R Y N E D E A I C I R T A P W
D H T S A T D M E L H S K D H P M T A B
O M I P N A I L L I G O G K C X A S U U
O D O S I H J Y P A R K E R P O S E Y S
T H N T B C A N I T S I R H C A I R L R
S T A R B U C K S E Q R G S E I S I A D
U A P K W E H T T A M X X O F E O J Z A
```

ANNABELLE

BOAT

BROOKLYN BRIDGE

BUTTERFLY

CHAT ROOM

CHILDRENS BOOKS

CHRISTINA

CHRISTMAS

COFFEE

COMPETITION

COMPUTER	GILLIAN	MATTHEW	RESTAURANT
DABNEY COLEMAN	GREG KINNEAR	MEG RYAN	SHOP AROUND
DAISIES	GYMNASIUM	NELSON FOX	THE CORNER
DOG	INTERNET	NEW YORK	STARBUCKS
EMAIL	JOE FOX	NEWS	STOOD UP
FOX BOOKS	KATHLEEN KELLY	PARKER POSEY	SUBWAY
FRANK NAVASKY	LAPTOP	PATRICIA EDEN	TOM HANKS
GEORGE	MANHATTAN	RED ROSE	WINDOW DISPLAY

Solution on page 171

As Good as It Gets

```
N R C A S I M O N B I S H O P N Y U W S
B E V E R L Y B T N U H N E L E H L H S
Z C W R C T S S E N D N I K P L D L Q E
E N H Y J S I E T U H C E G A B R A G R
O E G M O G A S T H M A L Y I I S D X T
C P D F B R N S T T Q Z E R N T S U X I
W S G R E G K I N N E A R E T R E N N A
R M L A T N R V D I B B H B E E R I O W
I A Q N T I A E P O L D R B R V D V S U
T N X K E T G C A R O L C O N N E L L Y
E H N S R L I O G T E G N R T O S E O K
R A H A M U A M V N E J A E C C U M H C
O T H C A S P P E R I S U B S W O C C A
A T U H N N A U R O U K T D U S H D I T
D A M S K I R L D Z B D L W I C N W N T
T N A R U A T S E R D X E A O C U Y K A
R N N T N E M I L P M O C N W M E X C S
I W I Z D G E V L N O O D L E S A L A D
P W T D V G N E I G H B O R S S B N J Q
F J Y Q M E T A P H O R S R A C S U B M
```

APARTMENT
ARTIST
ASTHMA
ATTACK
BETTER MAN
BEVERLY
CAROL CONNELLY
COMPLIMENT

CONVERTIBLE
CUBA
  GOODING JR
DOCTOR BETTES
FRANK SACHS
GARBAGE CHUTE
GREATEST
  WOMAN

GREG KINNEAR
HELEN HUNT
HOUSE DRESS
HUMANITY
ILLNESS
INSULTING
JACK NICHOLSON
KINDNESS

MANHATTAN
MELVIN UDALL
METAPHORS
NEIGHBORS
NEW YORK
NOODLE SALAD
OBSESSIVE
  COMPULSIVE
PAINTER
PREJUDICE
RESTAURANT
ROAD TRIP
ROBBERY
RUDENESS
SCARS
SIMON BISHOP
SPENCER
VERDELL
WAITRESS
WALKING CANE
WRITER

Solution on page 171

How to Lose a Guy in 10 Days

```
C O L U M N I S T A O B Y R R E F M Y A
O T H A Y E R A L Y G N I L C R Y B Z B
U V P I L I H P L A I D S H I R T S N E
P A D V E R T I S I N G L O V E F E R N
L I N I T R A M R K R A C K O F L A M B
E H S E R U T C I P P O H S O T O H P E
S P C Y T V F L E S R U O Y T S O R F R
C O M P O S U R E M A G A Z I N E E B R
O S H W J N O S R E P L A T N E M W G Y
U S Y D U J E H T D P O K E R N I G H T
N S T A T E N I S L A N D I A M O N D S
S E K O A R A K L R I G O T W O H B I E
E C Y E H G U A N O C C M W E H T T A M
L N N W H F B J O U R N A L I S M Z T I
I I O R E T A E H T E I V O M G Y P I C
N R T R E C N O C N O I D E N I L E C H
G P Q K A T E H U D S O N E W Y O R K E
N O S R E D N A E I D N A G T J C X E L
R A M O T O R C Y C L E I N N A E J T L
B A C I X A T S I P A R E H T T H O S E
```

ADVERTISING
ANDIE ANDERSON
BASKETBALL
    PLAYOFFS
BEN BERRY
CELINE DION
    CONCERT
CLINGY
COLUMNIST
COMPOSURE
    MAGAZINE
COUPLES
    COUNSELING
DIAMONDS
FERRYBOAT
FROST YOURSELF
HOW TO GIRL
JEANNIE
JOURNALISM
KARAOKE

KATE HUDSON
LANA
LOVE FERN
MATTHEW
    MCCONAUGHEY
MENTAL PERSON
MICHELLE
MOTORCYCLE

MOVIE THEATER
NEW YORK
PHILIP
PHOTOSHOP
    PICTURES
PLAID SHIRTS
POKER NIGHT
PRINCESS SOPHIA

RACK OF LAMB
STATEN ISLAND
TAXI CAB
THAYER
THE JUDYS
THERAPIST
TICKETS
TONY

Solution on page 171

CHAPTER 10: Sports Fans

A League of Their Own

```
S T U O Y R T N E M P I U Q E L Y L M R
P L A Y O F F S R A B Y E V R A H B H E
E I M Y W A L T E R H A R V E Y P H C H
A N T Y E L S K R L O O H C S M R A H C
M E U T V R R H N T S N S D G B U L W T
Y U O E E J C E I I E E O A Z D M L A I
A P G N L H A S E R H L R P J T S O R P
W L U I Y G G O C C L R E O X O I F D N
E E D E N N D A A A Y E N G H M R F E A
H G H T A O A E P M T L Y S R H O A P G
T N E S N S P Y A S O C W B E A D M A U
L A L N N N T R D V Y J H T A N M E R D
L L E E O I S D I R T T H E S K I R T Y
A L N W D H Y T N M D H T I R S E M M M
L E H O A E Z A O K I T K E L L E R E M
Q W A L M I M A E M O R D A B I T O N I
F L L A X T H C O O H A L R A M P E T J
E I E R Y T T E P I R O L L A B E S A B
A T Y I W O R L D S E R I E S D L L T S
Q S I V A D A N E E G N I Y R C O N Q S
```

MADONNA
MAE MORDABITO
MARLA HOOCH
NO CRYING
PEACHES
PITCHER
PLAYOFFS
ROSIE ODONNELL
SHIRLEY BAKER
STILWELL ANGEL
TELEGRAM
TOM HANKS
TRYOUTS
WALTER HARVEY
WAR DEPARTMENT
WORLD SERIES

ALL THE WAY MAE
BASEBALL
BETTY SPAGHETTI
CATCHER
CHARM SCHOOL
DIRT THE SKIRT
DORIS MURPHY
DOTTIE HINSON

DUGOUT
EQUIPMENT
ERNIE CAPADINO
EVELYN
GARRY
MARSHALL
GEENA DAVIS
HALL OF FAME

HARVEY BARS
HELEN HALEY
IRA LOWENSTEIN
JIMMY DUGAN
JON LOVITZ
KIT KELLER
LINE UP
LORI PETTY

Solution on page 172

Rocky

```
F I S T F I G H T H A N K S G I V I N G
I W M Z E V L N R O C K Y B A L B O A Q
V J I T R T R O N I N N E P N A I R D A
M K C F I C E I C E R I N K M P U T S G
O B K H H F X L C H R I S T M A S O Z X
O O E V S R O L E Y E G L A S S E S S N
R X Y R A R B A X V P O H S T E P H E O
R I G M I G H T Y M I C K S G Y M X V I
E N O L L A T S R E T S E V L Y S X S T
K G L L A R E N A H G N I T A K S E C I
C M D T T V T A G G G N U O Y T R U B T
O A M P A U L I E P E N N I N O S M X E
L T I U R G E L C H A M P I O N S H I P
J C L T A W E A P O L L O C R E E D P M
I H L Z Y R O T C A F T A E M A G W U O
L E Z V J P A I H P L E D A L I H P S C
L O A N S H A R K C I L O H T A C Y H U
D E B T C O L L E C T O R O R R I M U V
H G N I N I A R T G O D R E D N U V P X
O L Y E P M B D D J O G G I N G W I S Q
```

ADRIAN PENNINO
APOLLO CREED
ARENA
BOXER
BOXING MATCH
BURT YOUNG
CATHOLIC
CHAMPIONSHIP
CHRISTMAS
COMPETITION
DEBT COLLECTOR
EGGS
EYEGLASSES
FIST FIGHT
GAZZO
HEAVY WEIGHT
   CHAMPION
ICE RINK

ICE SKATING
ITALIAN STALLION
JOGGING
LOAN SHARK
LOCKER ROOM
MEAT FACTORY
MICKEY
GOLDMILL

MIGHTY MICKS
GYM
MIRROR
PAULIE PENNINO
PET SHOP
PHILADELPHIA
PUSHUPS
ROCKY BALBOA

SYLVESTER
STALLONE
TALIA SHIRE
TELEVISION NEWS
THANKSGIVING
TRAINING
TURTLE
UNDERDOG

Solution on page 172

Jerry Maguire

```
R G X J M H F R O D T I D W E L L F H C
D E R I P S N I V I P P A S S N C Z I P
T N E G A S T R O P S L A N I D R A C O
N D E M E T E L P M O C U O Y Y O R S I
E O N X A R E G E W L L E Z E E N E R Q
I R A L Z M E N G A G E M E N T R I N G
L S I E B D B R J G N I D O O G A B U C
C E C S U E Q A E R I U G A M Y R R E J
B M I S S I O N S T A T E M E N T J F R
O E N A I N Y G I S N W O D H C U O T H
B N H L N F O O T B A L L V T Q J W N O
S T C C E F S L L E W D I T E E C R A M
U S E T S I H O T E L R O O M Q L E T Y
G Q T S S R P D Y O B Y A R W I D P N A
A U D R E Y H E P B U R N M O V I E U J
R Z L I T O V G O L D F I S H F G Z O F
Y I I F H F G T O M C R U I S E K G C C
P O H S I B Y R E V A L E R U A L W C Q
B V C X C D O R O T H Y B O Y D Z Z A J
N A M H S U C D K E L L Y P R E S T O N
```

INSPIRED

JAY MOHR

JAZZ

JERRY MAGUIRE

KELLY PRESTON

LAUREL

MARCEE TIDWELL

MISSION STATEMENT

RAY BOYD

RENEE ZELLWEGER

ROD TIDWELL

SHOW ME THE
   MONEY

SPORTS AGENT

TOM CRUISE

TOUCHDOWN

VIP PASS

YOU COMPLETE ME

ZIP

ACCOUNTANT

AMBASSADOR
   OF KWAN

AUDREY
   HEPBURN
   MOVIE

AVERY BISHOP

BOB SUGAR

BUSINESS ETHICS

CARDINALS

CLIENT

CHILD
   TECHNICIAN

CUBA
   GOODING JR

CUSHMAN

DOROTHY BOYD

ENDORSEMENTS

ENGAGEMENT
   RING

FIRST CLASS

FOOTBALL

GOLD FISH

HOTEL ROOM

Solution on page 172

Rudy

```
N Y P U A N O T T U D S S E L R A H C B
L P H J W K O D M S F P M W E E R G E D
B L M V B P L V C J I Z C G N D A U L Y
R E S I N N E D G H G L I W E Y I A Y K
Z P G T W U Q F S C H T S C D T R N K D
U N Y E U G L R D N T M A S B I O A N J
J P Z F L O A A X E I Q T P E S W V N O
U V D S N L Y K U B N N F Q A R R A N O
C X D B O D O R M N G O P E T E D C P Z
L Q U H I H L C T T I I S G T V E R M D
I W C J T E M A D E R T O N Y I L E J J
O S R O I L Y T T Q I A S C A N Z H Q W
S T Q N B M F H U Q S C V A V U K T K V
Y A A F M E D O V N H U G I N D I A N A
L D H A A T P L O S N D E N Q A R F U M
P I U V Y Q C I Y T R E T S E M E S Z N
J U B R Z O M C B O B D L E I F H S M U
I M J E N U T R O F M A E R D G S W V R
S H C A O C J P R N U S L X U X L R L K
W K T U A S P U I E A X M L X O S B K L
```

AMBITION

BENCH

CATHOLIC	DREAM	FORTUNE	SCHOLARSHIPS
CHARLES S DUTTON	DRESS LIST	GOLD HELMET	SEAN ASTIN
COACH	EDUCATION	INDIANA	SEASON
COLLEGE	FATHER	JON FAVREAU	SEMESTER
D BOB	CAVANAUGH	NED BEATTY	STADIUM
DANIEL RUETTIGER	FIELD	NOTRE DAME	TRY OUTS
DEGREE	FIGHTING IRISH	PETE	TUNNEL
DENNIS	FOOTBALL	RUDY	UNIVERSITY

Solution on page 172

Raging Bull

```
P C G O C N B O N W U Z B M O R M U F G
K M K U L A O O R A B U S I V E A B A H
J H D O X T H N X Q J E J W T D Q G M Y
E S L C I F Y D W I A J O E P E S C I R
K U Y M B R O K E N N O S E Y M T G L C
C O T E L E P H O N E G G V O P T D Y V
C O R X B L J O E Y L A M O T T A E W S
B V A O R I N E D T R E B O R I B J P O
W S I C J A K E L A M O T T A O Y E Y K
H W R B H H E K G T B S V S K N V Y C D
O I O R E T H G I F E Z I R P T L H R K
U M M R X E N I O R W T O F O Q A D Q K
K M Y O W I G M R Y S Y I J P M S O A L
H I H R K K O A C C W S A I P G A L N A
V N T R R C O M P E T I T I O N E M G I
C G A I Y I A R N F L B O X N O R B E K
U P C M K V N R I C E N W R E H T O R B
B O M O P Z U G E N P A R A N O I D V A
I O F O A I H L O N A F B I T A L I A N
T L B Y S T L F O P A J U H V B Z Z B K
```

PARANOID
PARKING GARAGE
PRIZE FIGHTER
RAGE
REDEMPTION

ABUSIVE	CATHY MORIARTY	JAIL CELL	RING
ANGER	CHAMPION	JAKE LA MOTTA	ROBERT DE NIRO
ARENA	CIGAR	JANIRO	SALVY BATTS
ARREST	COACH	JOE PESCI	SWEAT
BOXING	COMPETITION	JOEY LA MOTTA	SWIMMING POOL
BROKEN NOSE	FAMILY	MIRROR	TELEPHONE
BRONX	FIST FIGHT	NEW YORK	TOMMY COMO
BROTHER	ITALIAN	OPPONENT	VICKIE THAILER

Solution on page 172

Field of Dreams

```
X T P Z I F E N W A Y P A R K T T L V H
L S D W R I T E R E N C E M A N N P D N
G P H L B R A Y L I O T T A E L K O T F
C O X O P A C I F I S T P H R A M P A K
A R D L E I F L L A B E S A B L C T A Z
T C D T Y L O E C I O V Y R L L H S M U
C N A P O Q E N M A R K T G S E I O W A
H S R A E H A S N A I N D E R S C H B R
E C L Y A L L E S N I K E I N N A G J H
R O A D T R I P S J K H P H Z I G N J E
O R R R E G R E T S O M T C C K O R K Y
P E U P S F L A D E U E P R H N W L N P
R B T X A L F W Y N H F J A D I H C S O
A O A W A A M Y M A D I G A N R I D W V
C A N Q R S D L E I F N R O C A T O Y G
T R R M R E N T S O C N I V E K E C B M
I D E J A M E S E A R L J O N E S T W A
C R P X M A H A R G T H G I L N O O M V
E R U S O L C E R O F U J I R R X R N H
W T S R E H C A E L B R E H C T I P G U
```

AMY MADIGAN

ANNIE KINSELLA

ARCHIE GRAHAM

BASEBALL FIELD

BLEACHERS

BURT LANCASTER

CATCHER

CHICAGO
   WHITE SOX

CORN FIELDS

CROPS	IOWA	PACIFIST	SHOELESS JOE
DOCTOR	JAMES EARL	PITCHER	JACKSON
FARMER	JONES	PRACTICE	SUPERNATURAL
FATHER	KARIN KINSELLA	RAY KINSELLA	TERENCE
FENWAY PARK	KEVIN COSTNER	RAY LIOTTA	MANN
FORECLOSURE	MARK	REGRETS	UMPIRE
GHOST	MOONLIGHT	ROAD TRIP	VOICE
HOTDOG	GRAHAM	SCORE BOARD	WRITER

Solution on page 172

The Natural

```
S O E K R D F F B E V T B W S E V B V P
F Y C G L H Y M E D T R I U M P H T G O
S R E N N A B D E L G N A P S R A T S P
N E C H E W K I M B A S I N G E R R H A
H P I P S W O O D W O R K I N G R A K G
I O T J O R Y R E H C T I P U V I Y R S
L R C J L P E O L B P L R G R P E Q S D
I T A Z C L F H R D A H O T E L T V E H
G E R G N Z L I A K S S B O M Q B R R I
H R P L N K B L S R C E E I O G I I E Y
T U G A E B B G A H A I R B H B R E L E
N I N S L S F C M Y E B T I A B D T E H
I R I S G A I N E S D R R Y E L F E V W
N O T E A M L I M R Z J E A E S L L A O
G Y T Y G N I T O O H S D I B V A H T L
R H A E Z U U F P C D E F K T H U T O B
F O B T O U L Q A Z S C O R E B O A R D
L B K W A I L O R N X D R U G S T O R E
B B N S W Q C O I J Z M D O B A T T E R
Q S O T H S R E S T A U R A N T U Y K P
```

ATHLETE

BARBARA
  HERSHEY

BASEBALL

BATTER

BATTING
  PRACTICE

COACH

DRUG STORE

ELEVATOR

FIELD

GLASS EYE

GLENN CLOSE

HARRIET BIRD

HOME RUN

HOTEL

IRIS GAINES

KIM BASINGER

LIGHTNING

MEMO PARIS

NEW YORK CITY

PITCHER

POP FISHER

RED BLOW

REPORTER

RESTAURANT

ROBERT REDFORD

ROY HOBBS

SCORE BOARD

SHOOTING

SPARKS

STAR SPANGLED
  BANNER

TEAM

TREE

TRIUMPH

WILFORD BRIMLEY

WOOD WORKING

WORLD SERIES

Solution on page 173

Pride of the Yankees

```
H C E E P S L L E W E R A F B I Z V T Y
P O C E L C Y C R O T O M F E F V P U E
E L S U R E T I R W S T R O P S W C M B
D U E R E Y A L P L L A B E S A B A P U
X M K L A V I N R A C C O N F B U P I L
T B I V N D I T O K P P A S I A S L R C
N I R O H E I A H R Q M U I D A T S E T
A A T N R O N O K E T R B A B E R U T H
R U S E F K S N B S P W H Q N K K T I G
U N E W S P A P E R C L I P P I N G R I
A I E Y X R C I I R O E A T H L E T E N
T V R O P F K S Y T B A G P C R J O M L
S E H R C C E A V X A R D A F H X K E O
E R T K U P N Z T Q Y L E C I V E U N U
R S G L A K E Y T I N R E T A R F L T G
Y I T R E P O O C Y R A G B L S R W L E
Z T T E R E S A W R I G H T W A T A H H
Q Y S Z Y E S E I R E S D L R O W I M R
S A M B L A K E S A E S I D E V R E N I
E T L U M O O R R E K C O L L E G E G G
```

ATHLETE
BABE RUTH
BASEBALL PLAYER
CARNIVAL
COLLEGE
COLUMBIA
   UNIVERSITY
ELEANOR
   TWITCHELL
FAREWELL SPEECH
FRATERNITY
GARY COOPER
HAT
HOSPITAL
LOCKER ROOM
LOU GEHRIG
LUCKIEST MAN
MARRIAGE
MOTORCYCLE COP
NERVE DISEASE

NEW YORK
NEWSPAPER
   CLIPPING
NIGHTCLUB
PRANK
RADIO BROAD-
   CASTING
RESTAURANT

RETIREMENT
SAM BLAKE
SPORTSWRITER
STADIUM
SURPRISE PARTY
TERESA WRIGHT
THREE STRIKES
TRAIN

UMPIRE
WALTER
   BRENNEN
WORLD SERIES
YANKEES
WALTER BRENNEN
WORLD SERIES
YANKEES

Solution on page 173

Miracle

```
Z S W H J K L T H G I F H N O P A M S Z
N H P R A C T I C E H O C K E Y J W K Z
M O A W O U B M A R R I A G E W E W S E
R S S C I P M Y L O O B O B A I Y V O M
U E S K B P O B C J V C B W V T X O G A
W L I P R E S S C O N F E R E N C E R N
Y C N A O A T X W P S S E C O Z A C N K
L A G L A U L N P A T T Y B R O O K S C
U R A W D L O C O S N K U U O D K F L I
F I Y E C M P D A I C R K M Z F M S O N
L M N J A E E M B I N U U S E O W V W J
M T W I S Y T O R B C U R C O P L T H U
S M A M T S J T M O P I T R J Y A E I R
T E S C I F A U L G O D R E D N U R S Y
U I T R N P W L Q R Y E U T I D M A T F
O B H A G C E P U Y K G S T A V D O L Y
Y C C I K G G S F C Z E S H A P O Q E S
R O A G E S S V O T E L E G R A M S S H
T R O P R I A L A K E P L A C I D U X T
C V C F A Y R D E K W A L T E R B U S H
```

OLYMPICS
PASSING
PATRICIA CLARKSON
PATTY BROOKS
PRACTICE
PRESS CONFERENCE
PUCK
RUSSIA
SKATES
STUDENTS
SOVIET UNION
TELEGRAM
TRYOUTS
UNDERDOG
WALTER BUSH
WHISTLE

AIRPORT
BROADCASTING
CHRISTMAS
COACH
COLD WAR
COLLEGE
COSTUME PARTY

CRAIG PATRICK
FIGHT
HERB BROOKS
ICE HOCKEY
INJURY
JIM CRAIG
JOB INTERVIEW

KURT RUSSELL
LAKE PLACID
LOCKER ROOM
MARRIAGE
MIRACLE
NEW YORK
NICKNAME

Solution on page 173

Remember the Titans

```
G E T T Y S B U R G V I R G I N I A J T
T X S I R R A H V E R H D R J B H S D X
Q U A R T E R B A C K C B P L A Y E R S
N U O K I N T E G R A T I O N M N A O Q
O A Y Z S A P C T U C R I A H Z S A T J
I L L O H E R M A N B O O N E Q C L Y X
T E L Z E F J H A P W I L L P A T T O N
C X I C R O L U I C T K W B B C P I H R
E A B A Y O B O L N G A F H U O V T A E
F N W R L T U U O I S N I N B A O A M I
R D A A Y B H D U H U P I N I C E N M T
E R T C O A D R I Q C S I N O H G S E R
P I E C A L I N E O F S C R I M M A G E
W A R I S L G D L E I F H A A A M A W B
Q K B D T T R C A H A L P G M T R H J Y
E X R E O I M O S A Q D J H I P I T F R
B S E N O J Y E T E P C A L D H B O M R
X X A T H L A T I P S O H Y W W Z E N E
L Z K W B L O C K I N G N O S A E S L G
B E N I H S N U S P A R A L Y S I S T L
```

ALEXANDRIA
BILL YOAST
BLOCKING
CAPTAIN
CAR ACCIDENT
CAROL BOONE
COACH
DENZEL
  WASHINGTON
EMMA HOYT
FIELD
FOOTBALL
GERRY BERTIER
GETTYSBURG
HAIR CUT
HERMAN BOONE
HIGH SCHOOL

HOSPITAL
INSPIRATION
INTEGRATION
JULIUS CAMPBELL
LINE OF
  SCRIMMAGE
LOUIE LASTIK
PARALYSIS

PERFECTION
PETEY JONES
PLAYERS
QUARTERBACK
REV HARRIS
RIOT
SEASON
SHERYL YOAST

SUNSHINE
TEAM
THREE A DAYS
TITANS
TRAINING CAMP
VIRGINIA
WATER BREAK
WILL PATTON

Solution on page 173

CHAPTER 11: True to Life

Walk the Line

```
R E H T O R B G N I R U O T M J A K S M
F L W A Y L O N J E N N I N G S R P S A
I A D R V I V I A N C A S H X C T D D R
S G R E E S E W I T H E R S P O O N P R
H O A R M A S D C N D I I G U U T L E I
I F B E U W A O O P U W U R B N U T R A
N W J C S B M O N Z E I B J E T I Q I G
G I U U I L P G C L T U O D H R B Z F E
E O N D C A H R E A S A I E W Y E A F A
R N E O A D I E R D Q C R G L M L O O P
M O C R W E L F T U C P N L A U L H G N
A S A P A Y L I I A E O A R S S I S N A
N K R D R G I N X R S I R D O I V A I M
Y C T R D M P N K Q R L R M P C H C R S
K A E O S H S I M F M U P L O R S K A E
I J R C O B N G O F G R Q F R G A C Y L
R P Y E L S E R P S I V L E P Z N A C A
U B N R L I C Y H S A C Y N N H O J A S
S I H P M E M R O T E N N E S S E E S D
X Y L R R L E N I L E H T K L A W E H M
```

ACCIDENT
AIR FORCE
BROTHER
CONCERT
COUNTRY MUSIC
DRUGS
DUET
ELVIS PRESLEY

FISHING
FOLSOM PRISON
GERMANY
GINNIFER
    GOODWIN
GUITAR
JACK CASH
JACKSON

JERRY LEE LEWIS
JOAQUIN
    PHOENIX
JOHNNY CASH
JUNE CARTER
LUTHER PERKINS
MARRIAGE
MEMPHIS

MUSIC AWARDS
NASHVILLE
PROPOSAL
RAY CASH
RECORD PRODUCER
REESE
    WITHERSPOON
RING OF FIRE
SALESMAN
SAM PHILLIPS
SAW BLADE
SONGWRITER
TENNESSEE
TOUR BUS
TOURING
VIVIAN CASH
WALK THE LINE
WAYLON JENNINGS

Solution on page 174

Erin Brockovich

```
H J C H I L D R E N D O X D V T V U E D
R V O F C A N C E R E T T I S Y B A B A
V Q J U L I A R O B E R T S S D T I H S
T I B M A J V Y R S A M D E E R H N Z Y
E V S V W P K O E H Y U A A R E Q R Z M
O A F N S Y E L K N I H Y S T S G O F O
G L F M U N D C I C C E P E I S T F X M
R T I O I T E U B C O P Y M A C H I N E
I I T T T N T C R Z U R W L W O K L W L
S F N O O E A W K E R W B R I D D A R G
Z K I R X S N X C B T E I N O E F C G N
X L A C I N I H C A R A C C I D E N T I
C A L Y C E M S O T O A W L E R I O M S
H W P C W J A J F O O P C S D T E I Q E
Q Y O L A A T I O I M B R E N D A T S S
K E K E S N N E E U Q Y T U A E B U K G
P R E S T N O N E C Q L H Z G S E L I F
Q S R B E O C G O T P B O G P E S L U A
S C I Y A D J U G E O R G E H R E O E Y
Q A M K G G K E U J K P P K F T O P N T
```

AARON ECKHART
ALBERT FINNEY
BABYSITTER
BEAUTY QUEEN
BIKER
BRENDA
CALIFORNIA
CANCER
CAR ACCIDENT
CHILDREN
CONTAMINATED
COPY MACHINE

COURTROOM
DESERT
DISEASE
DONNA JENSEN
DRESS CODE
ED MASRY
ERIN BROCKOVICH
FILES

GEORGE
HINKLEY
JOB HUNTING
JULIA ROBERTS
LAWSUIT
LAWYERS
MOTORCYCLE
NECK BRACE

PG AND E
PLAINTIFFS
POKER
POLLUTION
SINGLE MOM
TOXIC WASTE
WAITRESS
WATER

Solution on page 174

Titanic

```
I Y M I T B M B H T I M S N I A T P A C
N D Y K D W W N E G A K C E R W M A V G
G N T S I T R A A W J A C K D A W S O N
R A T W A N L E R B S M Y O J I S S T I
Y R X M M L G C T E L S N I W E T A K C
N B C S O I D O O N Z R P R H C E L T N
S R P W N F Z C F O U T O P I Y E C I A
R O S E D E W I T T B U K A T E R T T D
E C A R N J X T H X H X E C E L A S A C
G K B D E A M N E A A E R I S K G R N R
N L I N C C R A O P N D W D T C E I I G
E O L A K K L L C L D O H O A O G F C O
S V L S L E O T E L C C R D R H A Y A T
S E Y A A T V A A I U E O R L L P S W S
A T Z M C S E I N B F S T A I A D H V N
P T A O E C J Y D K F R A N N C I C V D
H B N H V I O L I N S O V O E S E T J E
G S E T A B Y H T A K M E E T E S R O C
M R S C X V N W O R B Y L L O M O X Q K
G R E B E C I S T A O B E F I L D S K R
```

ARTIST
ATLANTIC
  OCEAN
AXE
BILL PAXTON
BILLY ZANE
BRANDY
BROCK LOVETT

CAL HOCKLEY
CAPTAIN SMITH
CORSET
DANCING
DECK
DIAMOND
  NECKLACE
ELEVATOR

FIRST CLASS
HANDCUFFS
HEART OF THE
  OCEAN
ICEBERG
JACK DAWSON
KATE WINSLET
KATHY BATES

KING OF THE
  WORLD
LEONARDO
  DICAPRIO
LIFEBOATS
LIFE JACKETS
MOLLY BROWN
MORSE CODE
MR LOVEJOY
PASSENGERS
POKER
ROSE DEWITT
  BUKATER
RUTH
SAFE
STEERAGE
THOMAS ANDREWS
TITANIC
TUXEDO
VIOLINS
WHISTLE
WHITE STAR LINE
WRECKAGE

Solution on page 174

Bonnie and Clyde

```
I L B C D V Q F D C V R R V T F S E O W
S H E M A C H I N E G U N I M A D B R Z
Z S C M L R N O I T A T S S A G T E M Q
S S E R T I A W M S P U G F R C P T L O
R O H R C H M C O C L Y D E B A R R O W
P M Y N T E K F C R P T A B P S S B L O
T W D C K T C F C I R T L S R H R G I K
U C T Q A Y A A U Y D A W E C O E N B C
Y S G F W M H M S E N E B Z I O H I F U
O F R R A U E E P C N B N K N T T P B Q
E S G E N Y N R H X O N H T C O O P S Q
Y B O N N I E P A R K E R Q I U R A E Y
E K V I L S G D K F G R R R P T B N S W
A S G D S G M N U C O R N F I E L D S W
C Y A I R T A E I N F A U F R H X I A N
D E O H L B U G E T A W A Y C A R K L P
H N X Q C Y A I K J S W U Q J Q M U G D
P O X Z U R E G N A R S A X E T I R N E
R M B B F L A T T I R E J Y U W U H U M
E I K P O L I C E L F U G I T I V E S O
```

BANK ROBBERS
BLANCH
BONNIE PARKER
BROTHERS
BUCK BARROW
CAMERA
CAR ACCIDENT
CAR CHASE
CIGAR
CLYDE BARROW
CORNFIELDS
CW MOSS
DINER
FAME

FAYE DUNAWAY
FLAT TIRE
FUGITIVES
GAS STATION
GENE HACKMAN
GETAWAY CAR
GREAT
  DEPRESSION

HEADLINES
JAIL
KIDNAPPING
MACHINE GUN
MATTRESS
MONEY
NEWSPAPER
PICNIC

POEM
POLICE
SHOOTOUT
SUNGLASSES
TATTOO
TEXAS RANGER
WAITRESS
WARREN BEATTY

Solution on page 174

Dog Day Afternoon

```
C P V C L F R P H O S T A G E S R H V Q
R K B K P C S U C R I C A I D E M N E S
Y F B A N K R O B B E R Y F M T Y S Q A
J N O C N A C L N E W Y O R K T Y M Y V
A L N S S K B G E N G X E G Y E N O M R
T S I E H E T S D U Y H M N M R N K Y S
X X C H J E R E G Q S W C I X A C I Y V
I F A Q M F L G L N I D O N U G D N A H
U K P I Z Z A D E L I V E R Y I B G E S
M S L P R E Y O O A E V Q U T C G B G N
U Z A O F P L N B N N R A D S Z O R N I
D Y M H G A I R P O R T S S B Y I B I P
D E H S E U G E N E M O R E T T I K T E
Q N T R Y J O H N C A Z A L E S E O N R
L A S E C U R I T Y G U A R D C R K I F
O V A B C W Q P H O N E C A L L I I A X
M L A R J T N Z S H Z N K H O I H L F Y
U U M A F J I H R E T P O C I L E H O L
O M L B S D S V C N O I S I V E L E T P
S A I R P L A N E N Y L K O O R B T V C
```

AIRPLANE
AIRPORT
AL PACINO
ASTHMA
BANK ROBBERY
BANK TELLERS
BARBERSHOP
BROOKLYN

CHARLES DURNING
CIGARETTES
DETECTIVE
EUGENE MORETTI
FAINTING
FBI

FIRST SAVINGS BANK
HAND GUN
HEIST
HELICOPTER
HOSTAGES
JENNY
JOHN CAZALE

LOEN SHERMER
MEDIA CIRCUS
MONEY
MULVANEY
NEW YORK
PHONE CALL
PIZZA DELIVERY
POLICE
SAL
SERGEANT
SECURITY GUARD
SHELDON
SMOKING
SNIPER
SONNY WORTZIK
TELEVISION

Solution on page 174

Pearl Harbor

```
D N A L G N E V Q L E N O L O C A B P Q
M E Y E T E S T O L I P O J P I R T Q U
U C H A M P A G N E A L S I X V A M W G
K C E L F F A N E B M A B E T T Y O Y C
S T L E V E S O O R N I L K N A R F O B
U S F C D S L Q V D N S V O I L I N T R
B R I B O A R A R M Y U S R D Y V V R E
M E G A R B E A S D T N R W A E B L A V
A T H L I Y K E N N H A A S R L J L I O
R T T D S R L L F O I R B T E W O L N L
I E E W M A A K J D T K I M W A S A S V
N L R I I T W N N W G B C H O C H B T I
E S P N L I Y I O V L H E E C C H E A N
S V L H L L N W E E N E B B B M A S T G
E D A R E I N D O O L I T T L E R A I D
N Q N V R M A E W C V L Y Z Y F T B O O
A A E E Y T D R H A W A I I R A N A N O
P D S J I P E A R L H A R B O R E S K R
A U M H M R I A E Y G N I R E T T U T S
J M S C A R F B E Y X V O L U N T E E R
```

AIR RAID
ALEC BALDWIN
ARMY
AVIATION
BASEBALL
BEN AFFLECK
BETTY
CHAMPAGNE
COLONEL
COMBAT

CONVERTIBLE	FIGHTER PLANES	LETTERS	SANDRA
DANNY WALKER	FRANKLIN	MILITARY BASE	SCARF
DOOLITTLE RAID	ROOSEVELT	NURSE	SUBMARINES
DORIS MILLER	FRIENDS	PEARL HARBOR	STUTTERING
DYSLEXIA	HAWAII	PILOTS	TRAIN STATION
ENGLAND	JAPANESE	RAFE MCCAWLEY	VOLUNTEER
EVELYN JOHNSON	JOSH HARTNETT	RED WINKLE	WHEELCHAIR
EYE TEST	KATE BECKINSALE	REVOLVING DOOR	WORLD WAR TWO

Solution on page 174

The Pursuit of Happyness

```
B V S T N E M T R A P A L S J S P H J I
L O A W L R J H K E B U S S T A T I O N
A D N I L E T N O O T E Z O R I B A C T
T D F E E T T T H R L T C K M Z I P L E
I O R M D L O O M E F K I S A N A K X R
P Y A A L E C N M D B N N W R I S R L N
S B N G F H N O O R G E I O N C A Y R S
O C C L C S H S O T D T F T E A L M E H
H H I L H F S K I A W I L V R R E J N I
W I S A R H E C J T L E I S S A S D D P
I N C B I R K V W A Y C N A X C M T R B
L A O T S E A O C F T S L E U C A A A A
L T Z O T D R A L I B A C E I I N X G B
S O R O O L F M O O R H T A B D W I S Y
M W I F P E N N H Y B G I K N E N C I S
I N T A H J A Y T W I S T L E N Z A R I
T A U T E S L L A C E N O H P T E B H T
H O O H R M A U E B U C S K I B U R C T
Z V D E S U B W A Y V J M U I D A T S E
F V M R Y A D F D I G F J J T E C I A R
```

ALAN FRAKESH

APARTMENT

BABYSITTER

BATHROOM
   FLOOR

BONE DENSITY
   SCANNERS

BUS STATION

CALIFORNIA

CAR ACCIDENT

CHINATOWN

CHRIS GARDNER

CHRISTOPHER

DEAN WITTER

EVICTION

FATHER

FOOTBALL GAME

HOMELESS

HOSPITAL

INTERNSHIP

JADEN SMITH

JAY TWISTLE

LINDA

MARTIN FROHM

MOTEL

PAINT

PARKING TICKET

PHONE CALLS

RUBIKS CUBE

SALARY

SALESMAN

SAN FRANCISCO

SHELTER

STADIUM

STOCKBROKER

SUBWAY

TAXI CAB

THANDIE NEWTON

WILL SMITH

Solution on page 175

Catch Me If You Can

```
I T Y T N E D N E P K T Y M X U F W O D
J J D F O R G E R Y D E C A L K C E N A
L T X U Y L E V A R T H E X X D P F M N
A O S G Y T I C K R O Y W E N B O Y B C
U M M I C H R P Z E C N A R F Y A L U I
N H O T T D P A E S T E W A R D E S S N
D A O I Z R U Y P N F B F B A O V R B G
R N R V U Z A R R T I K X M N A J O O V
O K Y E N O M N M N N L S A K T M G U J
M S C H R I S T O P H E R W A L K E N T
A I N R O F I L A C T D M I B A E R C N
T N E I T A P N E W O R L E A N S S I A
E G G N O R T S A D N E R B G T F T N R
U F R E M A R T I N S H E E N A W R G R
Q R E Y W A L C H R I S T M A S G O C A
N A M S Q C A B A N K T E L L E R N H W
A U E B P P O S U I T C A S E S X G E S
B D C A R L H A N R A T T Y J M C B C U
M O V I E T H E A T E R Q K R B U F K I
I N O S I R P S A K I P V B R A C E S Y
```

AIRLINE PILOT

AMY ADAMS

ATLANTA

BANK TELLER

BANQUET

BAR EXAM

BOUNCING CHECKS

BRACES

BRENDA STRONG

CALIFORNIA

CARL HANRATTY

CHRISTMAS

CHRISTOPHER
 WALKEN

CON ARTIST

DANCING

EMERGENCY ROOM

ENGAGEMENT
 PARTY

FBI

FORGERY

FRANCE

FRANK
 ABAGNALE JR

FRAUD

FUGITIVE

LAUNDROMAT

LAWYER

LEONARDO
 DICAPRIO

MARTIN SHEEN

MONEY

MOVIE THEATER

NECKLACE

NEW ORLEANS

NEW YORK CITY

PATIENT

PENDENT

PRISON

ROGER
 STRONG

STEWARDESS

SUITCASES

TOM HANKS

TRAVEL

WARRANT

Solution on page 175

A Beautiful Mind

```
R N B G A P Q P Y D E U G A E L Y V I Q
E O S I R R A H D E G H P O O L G A M E
Q I T H X I B M A I L A C O L D W A R G
L T Y J O N O D A T E R C E S P O T S A
H A L L U C I N A T I O N S X T T Y E I
G C S N Z E K A J O H N N A S H V O L R
E I C O C T W T L E O E Z T I C E C D R
N D H T L O R O H C R R M B E Z X H E A
I E I S E N D O R E N U V A I R P A E M
U M Z O A U A E S C R K T R T B S R N C
S C O B W N F I B S L A P C C I Y L H T
W D P H J I A H O R E L P H E M C E L T
W G H A N V D I K N E F E Y L L H S R E
E B R N D E N C C B A A O S K J I A O R
D N E S O R R D O I D R K R S L A H O E
D J N E G S A N I Y L X A I P U T C M H
I W I N I I B U T H T A B P N Y R R M C
N W A Z S T N E M N R E V O G G I A A R
G C N C R Y P T O G R A P H Y P S C T A
F L I B R A R Y B J F N N O G A T N E P
```

ALICIA NASH

BAR

BATHTUB

BOSTON

CAR CHASE

CHARLES

CODE BREAKING

COLD WAR

CRYPTOGRAPHY

DR ROSEN

ED HARRIS

GENIUS

GOVERNMENT

HALLUCINATIONS

HANSEN

IVY LEAGUE

JENNIFER
  CONNELLY

JOHN NASH

LECTURE

LIBRARY

MARRIAGE

MATHEMATICS

MEDICATION

NEEDLES

NOBEL PRIZE

PARANOIA

PARCHER

PENTAGON

POOL GAME

PRINCETON
  UNIVERSITY

PROFESSOR

PSYCHIATRIST

ROOMMATE

RUSSELL CROWE

SCHIZOPHRENIA

SHOCK THERAPY

SOL

SPY

TOP SECRET

WEDDING

Solution on page 175

Funny Girl

```
D U F A L E P E S Y P T R F G I W X W U
R K U R L W K S K A T I N G D S E P I F
A D X I Q V P C Z H L X Z V E A G D M K
C O M E D I A N O V E C I R B Y N N A F
T Q M Y T R E B I L F O E U T A T S N R
R E G A T S K C A B P F G T S W G K S U
E M B E Z Z L E M E N T F I R D H X I Z
S G C H O R S E L L I V E D U A V M O Z
S A T N A R U A T S E R L Q G O I O N D
R C M Z I E G N O I T I D U A R U N I N
E C R O V I D I X S S V F V M B Z F S U
C N E M U S I C A L N I O N B W H T A L
U R T C W M K R R J R B L Z L S R R C L
D T R T I A B O S A A C L O I R N E E W
O U O K C R R C H L K M I W N S E T Y C
R G P V A R B S L S C W E G G S W A V E
P B E B I I R E H S I J S S M J Y E G E
F O R M L A T S S E N I S U B W O H S Q
H A Q P M G X E R O M I T L A B R T T D
H T O O B E N O H P R E K O P S K N B F
```

ACTRESS
AUDITION
BACKSTAGE
BALLET
BALTIMORE
BARBRA STREISAND
BROADWAY
CASINO
COMEDIAN
DEBT
DIVORCE
EGGS
EMBEZZLEMENT
FANNY BRICE
GAMBLING
GEORGIA JAMES
HORSE
JEWISH

MANSION
MARRIAGE
MIRROR
MUSICAL
NEW YORK
NICK ARNSTEIN
OMAR SHARIF
PHONE BOOTH

POKER
PRODUCER
RACE TRACK
REPORTER
RESTAURANT
ROSE BRICE
SHOW BUSINESS
SKATING

STATUE OF
  LIBERTY
THEATER
TRAIN
TUG BOAT
VAUDEVILLE
ZIEGFELD
  FOLLIES

Solution on page 175

CHAPTER 12: Nail Biters

Double Indemnity

```
A P P H U W R E L I B O M O T U A I S X
U G H L O S A N G E L E S F S W A Y N Y
V A A Y W R C L Q A I N R O F I L A C N
L V D R L S E T T E R A G I C M O I M Q
J J B O B L S D N E U A Y A N K L E T O
I Q U T U S I O R D R A G A O O K D G Y
E P S A G B H S T U R M G G P Q C W L Y
X N E V T P L I D R M Q E E N G Q A C P
A N C E E B A E U I H I C F U I Y R O H
X T N L K Z C M I M E N E N F A K D A M
B W E E R K C Y W N A T S A R A B R A B
B T D I A A I H V R D H R T U A C O A F
G M I P M L D G U V O E E I G S S B W P
B U V D R T E S R T J B M Y C E R I Z T
G S E Y E K N O T R A B P N N H S N M C
F R C D P I T N N Y M Z I T I C S S B K
F P I R U R A I L W A Y S T A T I O N C
S A L E S M A N A L Y S T M W U Y N N T
Q Q O P W R P C R E D R O C E R H G Q W
D N P U T K R C O L Z C L I I C U L V C
```

ACCIDENT

ANALYST

ANKLET

AUTOMOBILE

BARBARA
 STANWYCK

BARTON KEYES

BETRAYAL

CALIFORNIA

CIGARETTES

CRUTCHES

DOUBLE

INDEMNITY

EDWARD
 ROBINSON

ELEVATOR

EVIDENCE

FRAUD

FRED MACMURRAY

GUN SHOT

INSURANCE
 POLICY

LOLA

LOS ANGELES

MURDER

NINO

PARKING GARAGE

PHYLLIS
 DIETRICHSON

PISTOL

POLICE

RAILWAY STATION

RECORDER

SALESMAN

SCAM

SUPERMARKET

TELEPHONE

TRAIN

WALTER MEFF

Solution on page 176

Enemy of the State

```
S W S T J F U G I T I V E E R C N W V H
A I Z A V I T Z T H G I O V N O J G K R
G R O B E R T D E A N O L L I R B R G J
R E E T R E B L A N A M S S E R G N O C
P T N M L E K I A M N S O S E U I B M E
W A S E A S X E E I U L B D Q P C A W W
G P T Z H C D U A R P N N L P T F T P I
C G N P N A O P V X A E U O N I H H A L
T L E P L P C E E M L C H N A O L R Y L
A N G R F E I K D B B S H Y T N Z O P S
O V A L E L G N M I S X I E T J J B H M
B C A J L F G W O A V M L R L Y B E O I
Y V S A A U G O M U N F I S R B L C N T
R S N C D N O T G N I H S A W I A R E H
R C E F I R S E S R S J L M C R C N Z F
E Y A N E I E G E A P G P O C E K J K J
F H N T R T S R H T R I P H T Y M R S S
O U N H A M V O X U X T A T A W A T C H
R I C B W R L E B L E S O X U A I D L F
P I U E I A Z G K R E S A T E L L I T E
```

ALOHA SHIRT

BATH ROBE

BLACKMAIL

BLENDER

BRILL

BURGLARY

CAR CHASE

CARLA DEAN

CAT

CHRISTMAS
  SHOPPING

CONGRESSMAN
  ALBERT

CORRUPTION

EXPLOSION

FERRYBOAT

FIRE ESCAPE

FUGITIVE

GENE HACKMAN

GEORGETOWN

HELICOPTER

HOTEL FIRE

JON VOIGHT

LAWYER

MAFIA

NSA AGENTS

PAY PHONE

PINTERO

RACHEL BANKS

ROBERT DEAN

RUNNING

SATELLITE

SURVEILLANCE

THOMAS
  REYNOLDS

VIDEO
  CAMERA

WASHINGTON
  DC

WATCH

WILL SMITH

WIRE TAP

ZAVITZ

Solution on page 176

Heat

```
O W I S B X P V G M C Y L S T J Y C M I
R C T Z E B B X V D H A S W B X P I O P
O Q G S I L R E H I H S S I R H C R N Z
G Z R C A R A C C I D E N T N H F E E I
D U G V I N C E N T H A N N A T E M Y L
F E N I T S U J L Y F X E E G V O L L W
T G C Y R E B B O R G I L S T A N I A O
U A R N T O R I M Q L C I S C F I K U C
O T I S A J B A W M H R W P H Y C L N C
P S M E E L Q E C E N A P R A U A A D R
V O I L H S L C R Y T U U O R R P V E T
B H N E M X A I S T A D G T L X L X R U
I A A G X U T H E X D W D E E I A L I M
H I L N L T O A C V H E A C N H C T N P
C R S A O O M L A U R E N T E I G E G N
S P Y S T D M U Y O I U H I E T H I E F
T O K O C O L D M U H Q S O R G P C B X
W R U L E T A R L X K T E N L O U Y A W
C T T E B E A R E R B O N D S U G X N M
B T O T H G I O V N O J C J H L W Z K O
```

AIRPORT

AL PACINO

ARMORED
   TRUCK

BANK

BEARER BONDS

CAR ACCIDENT

CHARLENE

CHASE

CHRIS SHIHERLIS

CRIMINALS

EADY

GETAWAY CAR

HEAT

HEIST

HOSTAGE

JON VOIGHT

JUSTINE

LAUREN

LOS ANGELES

MACHINE GUN

MICHAEL
   CHERITTO

MONEY
   LAUNDERING

NATE

NEIL MCCAULAY

POLICE

ROBBERY

ROBERT DE NIRO

SHOOTOUT

SURVEILLANCE

SWAT TEAM

THIEF

VAL KILMER

VAULT

VINCENT HANNA

WITNESS
   PROTECTION

Solution on page 176

Rear Window

```
K W Q N A N Y G A P A R T M E N T D Q E
C O M P O S E R I A H C L E E H W R B S
Z D L P Z T S G R R U B D N O M Y A R R
O N B H E A T W A V E W W M W E T Y O U
M I J O T D E F A S Z I A X Z S S T K N
A W E T L B L V I X S S J F J A P R E S
J L F O L E L A A R D A A U S L S U N R
R T F G A Q A X W O E D M N U E G O L O
G Z E R C U V G Y R D E E C L S R C E B
S T R A E H Y L E N O L S S I M A S G H
R P I P N D E N E M E H S C S A C D A G
A H E H O J H I E P V B T D A N E E B I
L M S E H S R I O W L D E S F P K W D E
U F U R P F V C T U Y T W Q R D E Y N N
C O N R L I S X B C E O A D E A L L A K
O G A R D E N H C C H D R I M N L W H Z
N M I Q L E S G T C J C T K O C Y E R E
I G C E Y A R I T H I K O O N E H N Y D
B O T M L N V X L O Y P D C T R U N K B
D Z N F N E S D U D M I Z R K H K A S Y
```

ALFRED HITCHCOCK

APARTMENT

BINOCULARS

BROKEN LEG

COMPOSER

COURTYARD

DANCER

DETECTIVE

FIRE ESCAPE

FLASH BULBS

GARDEN

GIRLFRIEND

GRACE KELLY

HANDBAG

HEAT WAVE

JAMES STEWART

LARS THORWALD

LB JEFFERIES

LISA FREMONT

MASSAGE

MISS LONELY

HEARTS

MURDER

NEIGHBORS

NEW YORK

NEWLYWEDS

NURSE

PEEPING TOM

PHONE CALL

PHOTOGRAPHER

RAYMOND BURR

SALESMAN

SCULPTOR

STELLA

TELESCOPE LENS

THOMAS DOYLE

TRUNK

WHEELCHAIR

WINDOW

Solution on page 176

Seven

```
F W O H N I R W K J O U R N A L S Y O S
W Y R T O R T U R E T P O C I L E H G X
P A R T N E R S O B E S I T Y A V S J L
R L W Y A W B U S P A G H E T T I P L F
E A E D A L B R O Z A R V L C S T F S B
G W Y N E T H P A L T R O W O E C L A M
N Y E N S L H Y E C A P S N I V E K N R
A E W I L L I A M S O M E R S E T R O O
N R T Q L D Y V Z T X F M M P N E H I T
C S T N I R P R E G N I F I C D D O T S
Y W I K M U D M O R G A N F R E E M A N
R A P R Y G D A K E Y G D U P A O I G I
A T D O C D U N V N P S M Q M D D C O A
R T A Y A E S T A I R W E L L L N I R R
B E R W R A K M L D D E E R G Y H D R W
I A B E T L C L U E S M N M V S O E E A
L M I N V E S T I G A T I O N I J K T H
T S H P A R G O T O H P W L S N C C N L
N B O Y D R A O B T R A D G L S S E I S
Z T R E S E D A L B H C T I W S C X G P
```

MURDER
OBESITY
PARTNERS
PREGNANCY
RAIN STORM
NEW YORK
PHOTOGRAPHS
RAZOR BLADE
SEVEN DEADLY SINS
SLEEPING PILLS
SPAGHETTI
STAIRWELL
SUBWAY
SWAT TEAM
SWITCHBLADE
TORTURE
TRACY MILLS
WILLIAM SOMERSET
WINE

BRAD PITT
CLUES
DART BOARD
DAVID MILLS
DELIVERY SERVICE
DESERT
DETECTIVES
DINER

DRUG DEALER
FINGERPRINTS
GREED
GWYNETH
PALTROW
HELICOPTER
HOMICIDE
INTERROGATION

INVESTIGATION
JOHN DOE
JOURNALS
KEVIN SPACEY
LAWYER
LIBRARY
MORGAN
FREEMAN

Solution on page 176

The Sixth Sense

```
G C E D I R S U B X Y S V L S P S M U B
P H I L A D E L P H I A S V D P A R C V
S A O R E D R O C E R E P A T Z N P I C
Y N Q S N M U Q Y P W H C R U H C M I R
C G S P T C E S N E S H T X I S T F S T
H I H I D D E N C A M E R A T H U P M A
O N D R N S O Y T W Q K F U A E A A H P
L G V A M G I K M A L C O L M C R O W E
O N I L N V L L F R R F E D H U Y C S N
G O N S L C T E L D L Y N N S E A R E N
I S C T A N E W M I J I S I X R L I X S
S I E A E C E R V O W W K C A S P A B Y
T O N I C O L L E T T E G C H L L D I L
O P T R J L F L X C F H C K L O O E G V
F A G C D E O E F O I I E U I U O L M A
P M R A E S A N N A D T W R R T H L D N
W U E S M E L P O E P D A E D B C I E I
Q A Y E N A W I N E C E L L A R S H C A
S R N L A R U T A N R E P U S U Z C E I
S T U T T E R I N G L A S S E S G J I N
```

ANNA SEAR
AWARD
BRUCE WILLIS
BUS RIDE
CAR ACCIDENT
CHILLED AIR
CHURCH
COLE SEAR
DANCE RECITAL
DEAD PEOPLE
ELEMENTARY
 SCHOOL
GHOST
GLASSES
HALEY JOEL
 OSMENT

HANGING
HIDDEN CAMERA
KITCHEN
LYNN SEAR
MALCOLM CROWE
PATIENT
PENNSYLVANIA
PHILADELPHIA

POISON
PSYCHOLOGIST
SANCTUARY
SCHOOL PLAY
SECRET
SINGLE MOTHER
SIXTH SENSE
SPIRAL STAIRCASE

STUTTERING
SUPERNATURAL
TAPE RECORDER
TONI COLLETTE
TRAUMA
VCR TAPE
VINCENT GREY
WINE CELLAR

Solution on page 176

Jaws

```
E Y G E U B J V E J F F O T S Q C G R K
F R U K Q C K L G M F K A Q W G P I C D
R E K J Y F F W A H S T R E B O R O D A
J T I Q U I N T C E X P L O S I O N O E
X P U H R S T B R E D I E H C S Y O R G
S O G T C H O M F O U R T H O F J U L Y
D C V A O E L A R R Y V A U G H N K X L
Q I X O Y R C R R E X R L T C I N A P F
G L P B D M K I H Y D D P A Y G S G G G
D E G G D E V N L D V A E T T N U Q V I
R H N N R N D A R O T B S T A I C P R J
A R I I K O H E X R P A N O E V P I E G
O P M K I V Y Y S B H C E O A I O S C Q
B H M N J F G A U N S P C V B D Y I O W
L O I I U E O A M I T Y I S L A N D A H
L K W S N A T C M T E L L E N B R O D Y
I L S T H R W P E R K X L W R U X R Z N
B F A M P A H G R A F F I T I C U Y E H
A N E O K S R X P M N J L C X S V I S L
K S W I J M L K X U F Y L E I J I P K N
```

AMITY ISLAND
BARREL
BEACH
BILLBOARD
BOAT
CAGE
ELLEN BRODY
EXPLOSION

FEAR
FISHERMEN
FOURTH OF JULY
GRAFFITI
HELICOPTER
HOSPITAL
ISLAND
LARRY VAUGHN

LICENSE PLATE
MARINA
MARTIN BRODY
MATT HOOPER
MAYOR
OCEAN
OXYGEN TANK
QUINT

PANIC
PIER
POLICE CHIEF
RICHARD DREYFUSS
RIFLE
ROBERT SHAW
ROY SCHEIDER
SCUBA DIVING
SHARK
SINKING BOAT
SUMMER
SWIMMING
TATTOO

Solution on page 177

Jurassic Park

```
R U Y Z W P H E L I C O P T E R D O G I
U P Y Z L S P A R E N O E X P E N S E R
O V H H S R U A S O N I D X L K E W N N
X K P B P D L O A M S P O V U C K I E G
D N R X E R S U R U A S O N N A R Y T N
M O U G L N U W X P M G L E I H A G I M
O O M N L W S M W O N I F G X R P O C A
U D M I I J T L X W E C D G S E C L E E
T L I N E M S M W E I T J A Y T I O N R
H U T N S U I L A R L H O S S U S N G C
O M O U A L T O T F L G H G T P S H I E
U T U R T B N C E A A I N G E M A C N C
S Y R O T D E L R I U L H E M O R E E I
E G C T L L I A G L R H A L I C U T E C
M U A P E O C M L U A S M N Z J J I R L
B R R A R G S N A R D A M E G A C S I O
R C R R A F E A S E E L O K P R H L N N
Y S R F M F N I S H R F N O Z A A A G I
O X M Z D E N N I S N E D R Y B O N G N
S N E F S J Y R O T A R O B A L S D T G
```

ALAN GRANT
BROKEN LEG
CAGE
CHAOS
CLONING
COMPUTER
   HACKER
DENNIS NEDRY
DINOSAURS
EGGS
ELECTRIC FENCE
ELLIE SATTLER
EMBRYOS
FLASHLIGHT
GENETIC
   ENGINEERING
HELICOPTER
IAN MALCOLM
ICE CREAM

ISLAND
JEFF GOLDBLUM
JOHN HAMMOND
JURASSIC PARK
LABORATORY
LAURA DERN
LEX MURPHY
MULDOON

OUTHOUSE
POWER FAILURE
RAPTOR
RUNNING
SAM NEILL
SCIENTISTS
SPARE NO
   EXPENSE

TECHNOLOGY
TIM MURPHY
TOUR CAR
TYRANNOSAURUS
   REX
UNIX SYSTEM
WATER GLASS

Solution on page 177

Die Hard

```
R E T P O C I L E H F Y F L H T W O A D
E S B L L E W O P L A T N A E G R E S S
P E E P R H O R E V I R D O M I L H N I
A N A K A T O M I P L A Z A C U R T O L
R A R G Y L E J O S E P H T A K A G I L
C L E A I R V E N T D S E O N Y K D T E
S C R V D E X N S T E A M R E W W E C Y
Y C B M A H L A E E B M E E W A H T U R
K M O O G C O L T E E T R N Y L O O R R
S N N P E N S P T F I S G N O K S N T A
T H D N N U A R E E N I E E R I T A S H
S O S U T A N I R R N R N G K E A T N A
I J E G J L G A A A O H C Y C T G O O N
R T C E O T E G B B C Y L O A E R C S
O X I N H E L G I F M G C L P L S S R G
R T L I N K E N C D E S A O H K C C Z R
R L O H S C S S R F D A L H V I C J A U
E U P C O O O G D S I L L I W E C U R B
T A L A N R I C K M A N A K E Y C O D E
H V S M A L L S H O E S E L E V A T O R
```

JOSEPH TAKAGI
KARL
KEY CODE
LIMO DRIVER
LOS ANGELES
MACHINE GUN
MEDIA
NAKATOMI PLAZA
NEW YORK COP
POLICE
ROCKET LAUNCHER
SERGEANT AL
  POWELL
SKYSCRAPER
SMALL SHOES
TERRORISTS
THEO
VAULT
WALKIE TALKIE

AGENT JOHNSON
AIR VENT
AIRPLANE
ALAN RICKMAN
ARGYLE
BARE FEET
BEARER BONDS
BONNIE BEDELIA

BRUCE WILLIS
CHRISTMAS
  PARTY
CIGARETTES
CONSTRUCTION
DETONATORS
DWAYNE
  ROBINSON

ELEVATOR
EMERGENCY CALL
HANS GRUBER
HARRY ELLIS
HELICOPTER
HOLLY GENNERO
HOSTAGES
JOHN MCCLANE

Solution on page 177

North by Northwest

```
H J C P E C I L O P T A X I C A B T T O
O G A C I H C G E O R G E K A P L A N V
T J R M R O G E R T H O R N H I L L K V
E F Y I E O N M V S D E O O Y H R N H F
L C G S Y S P I E S C V M I R E W O H S
A A R T N D M D T U E A H T G V B G I N
D F A A O A E A U B D M S C K E P C M A
V E N K I U H C S S Q A U U I K H L S I
E T T E T T E O W O T R R A D E I A S C
R E R N A O E R L N N I T B N N L R H W
T R A I N T U N N E L E N H A D L A A U
I I C D I H T F K W E S U G P A I T V Z
S A G E S E A I W Y V A O V P L P H I U
I T N N S F T E Y O I I M F E L V O N L
N O I T A T S L A R T N E C D N A R G X
G D N I S T H D M K U T C G N I N N U R
O C I T S K O O B H C T A M A K D H E S
F J D Y A M F E M H E T N E G A A I C W
Q D S N O I S O L P X E G D E L M L O B
C P Z F U G I T I V E R E D R U M L Z A
```

ADVERTISING
ASSASSINATION
AUCTION
AUTO THEFT
BUS STOP
CAFETERIA
CARY GRANT
CHICAGO
CIA AGENT
CLARA THORNHILL
CORNFIELD
CROP DUSTING
    PLANE
DINING CAR
EVA MARIE SAINT
EVE KENDALL
EXECUTIVE
EXPLOSION
FUGITIVE
GEORGE KAPLAN
GRAND CENTRAL
    STATION

HOTEL
JAMES MASON
KIDNAPPED
LEDGE
MATCHBOOK
MISTAKEN
    IDENTITY

MOUNT
    RUSHMORE
MURDER
NEW YORK
PHILLIP VANDAMM
POLICE
ROGER
    THORNHILL

RUNNING
SHAVING
SHOWER
SPIES
STATUE
TAXI CAB
TRAIN
TUNNEL

Solution on page 177

CHAPTER 13: Cinema Classics

All About Eve

```
G U E A K L R B N O I T A R R A N T S R
N E V L U K G E O R G E S A N D E R S B
A A S K E D Z G T B N J K W Q B W E E P
I D X U G S I W G A A Z C J G A Y V R U
B I D R A W A T N U E C R N R N O I T P
A R F I T L J C I G A H I E Q Q R E C Z
F E P D S R P H R O J N T X Y U K W A V
X C T H D O L P R I N X I L A E C S R S
A T O S R U N P A A A X C L W T I A Y S
M O E T A J H D H B O T I O D V T B Q H
W R D L H E T C E O D Y S Y A P Y O O K
O E I E C N O N V W B O T D O B S T A D
W L R B I G N Z E L I D E R R M E A V F
D T Y T R A P Y A D H T R I B L V G L N
O U P A N G I C F B T K T C J W U E V K
F B M E E K Z F E D D M H E T J M P K
T A U S R M P G B I L L S A M P S O N F
S E B H A E A G P L A Y W R I G H T K U
J N Q I K N O F Y G T Q M D T D L V D U
T C L N L T B U U N D E R S T U D Y C E
```

MARGO CHANNING
MAX FABIAN
NARRATION
NEW YORK CITY
PLAYWRIGHT

ACTRESS
ADDISON DEWITT
ANNE BAXTER
APPLAUSE
AUDITION
AWARD
BANQUET
BETTE DAVIS

BILL SAMPSON
BIRTHDAY PARTY
BLACKMAIL
BUMPY RIDE
BUTLER
BROADWAY
CRITIC
DIRECTOR

ENGAGEMENT
EVE HARRINGTON
FAME
GEORGE SANDERS
HOTEL
KAREN RICHARDS
LLOYD RICHARDS
MAID

REVIEWS
SABOTAGE
SEATBELTS
STAGE
STAIRCASE
TAXI CAB
THEATER
UNDERSTUDY

Solution on page 178

Citizen Kane

```
D N Q F I F J G I B R R E H S I L B U P
Y E F F A R I G Y K E M K S H A D O W Z
Z A L O D N O G D P P I O T E C N E F T
F Y F S S V X R A X O E P O U D A N A X
H J M R E W O P N A R L E C D W L C Q P
C H A R L E S F O S T E R K A N E Z H E
U F N M L W E D I R E C A M L M L I W O
G O S O E W A L T E R T H A T C H E R Z
R A I N W S I L A P S I O R S F A S O S
U U O E N U G G G O G O U K S V I U S O
I V N Y O S U E I L Z N S E K Q D O E V
P O O S S A Q H T I A E E T C M E H B M
G U N T R N Q C S T G M F C A C D G U Z
A D Z D O K Y A E I I Y Q D R B N E N D T
S R I Z E A N H V C Y S Y A H O J I C D
F A V V L N P T N I F K B S S O N D S G
N M T I O E E O I A A A P H A C T R P P
S A W K M R A O S N H E M I L Y K A N E
V X H D V B C T E S T A T E F T G O Y L
S A K I D U P E B N I G H T C L U B E N
```

BOARDING HOUSE
CHARLES FOSTER
  KANE
DIVORCE
ELECTION
EMILY KANE
ESTATE
FAME
FENCE
FLASHBACK
GIRAFFE
GONDOLA
GOVERNOR
GUARDIAN
INVESTIGATION
JEDEDIAH LELAND
JAMES GETTYS
MANSION

MARY KANE
MONEY
NEWSPAPER
NIGHTCLUB
OPERA HOUSE
ORSON WELLES
POLITICIAN
POWER

PUBLISHER
PUZZLE
REPORTERS
ROSEBUD
SHADOW
SLED
STOCK MARKET
  CRASH

SUSAN KANE
TOOTHACHE
TYCOON
WALTER
  THATCHER
XANADU
ZOO

Solution on page 178

The Graduate

```
L N W S B N G O C D Y G G N I D D E W V
V O L K S W A G O N T U C O C K T A I L
B U S R I D E A H B F Y R A R B I L K K
L E T O H N C S W E O O K N K N Q C B R
P E O R O O I S A I R P L A N E O O E E
Z A C Q X S G T A N C U T G C D F H R S
I C K K U N A A O C N H O N D A C O K T
P I I K B I R T H D A Y P A R T Y L E A
R Y N J E B E I F R B M R M Z E Z I L U
O Y G K G O T O I F E B J F X P L C E R
P S S N E R T N A I N R O F I L A C Y A
O Q P A L S E L A I N E R O B I N S O N
S F O T L R S W M P A H A H C R U H C T
A T R H O M N A Z I P H O N E B O O T H
L S T S C S J Z S W I M M I N G P O O L
V O S I E N G A G E M E N T N A D K Z S
L A C F E X D D R M R O T S N I A R P S
I I A B W G N I H T A B N U S E Q V T R
K X R B U L C T H G I N W D S P T R Y H
D R O L D N A L H N M G R A D U A T E C
```

AIRPLANE

ALCOHOLIC

ANNE BANCROFT

BENJAMIN

 BRADDOCK

BERKELEY

BIRTHDAY PARTY

BUS RIDE

CALIFORNIA

CHURCH

CIGARETTES

COCKTAIL

COLLEGE

DATE

DUSTIN

 HOFFMAN

ELAINE

 ROBINSON

ENGAGEMENT

FISH TANK

GAS STATION

GRADUATE

HOTEL

KATHARINE ROSS

LANDLORD

LIBRARY

MRS ROBINSON

NIGHTCLUB

PHONE BOOTH

PROPOSAL

RAIN STORM

RESTAURANT

SPORTS CAR

STOCKINGS

SUNBATHING

SWIMMING POOL

VOLKSWAGON

WEDDING

ZOO

Solution on page 178

The Philadelphia Story

```
P L I B R A R Y E K S I H W R I T E R L
R H Z L R U E A V E S D R O P P I N G A
O T B R E H P A R G O T O H P J R H N E
F F J K X L A S O P O R P E D U I U S I
E C U P E T I U S L A D I R B R S S L L
S G N H E N I Z A G A M Y P S K E B O L
S N E I E L G N A I R T E V O L T A O I
O O V L Y H R K W B Y H N J N W T N P W
R I A A L G E O R G E K I T T R E D G E
E S H D U O N T W N Y T V Q A E R R N L
T N R E C F C K I H W J H W C O A A I C
R A E L H H C R E L K F E I L I G O M N
O M T P B O A I W I A T E Y M W I B M U
P A X H J H R M S A S I C C E B C G I P
E R E I T E Y S P S M A C D R C R N W O
R R D A S R G K E A R N D O R O N I S E
O I K S G D R M G T G I Y P S T V V E T
M A C A U L A Y C O N N O R C A V I A R
C G D Z H J N C E G L L E W B C L D D Y
U E T U G E T V D L O H O C L A O X P K
```

ALCOHOL
BRIDAL SUITE
BRYN MAWR
   COLLEGE
CARY GRANT
CAVIAR
CHAMPAGNE
CIGARETTES
CK DEXTER HAVEN
DIVING BOARD
DIVORCE
EAVESDROPPING
ELIZABETH IMBRIE
HEIRESS
HORSE
HUSBAND
GEORGE KITTREDGE

JAMES STEWART
KATHARINE
   HEPBURN
KISS
LIBRARY
LOVE TRIANGLE
MACAULAY
   CONNOR

MANSION
MARRIAGE
PHILADELPHIA
PHOTOGRAPHER
POETRY
PROFESSOR
PROPOSAL
REPORTER

SOCIALITE
SPY MAGAZINE
SWIMMING POOL
TRACY LORD
UNCLE WILLIE
WEDDING
WHISKEY
WRITER

Solution on page 178

Some Like It Hot

```
W H P B A M O M I L J I E R Z I W H D P
E N C L P A M B Y M K D G Z Q R I S A D
J O S E P H I N E H A G A N G S T E R T
V S H O W B U S I N E S S B D G N L G E
E O E J B I B J I U G P S R C N E C D N
M G G E K R M J Z J E A U A A I S Y A O
A A A N M T K A O L V T G C C R S C N H
A C R O I H S C I X I S A E J R G I C P
H I A I L D A K T M T C R L M A E B I O
W H G T L A L L I J C O K E X E Z C N X
F C G N I Y F E N V E L A T W S N Z G A
N R N E O C N M I Y T O N Y C U R T I S
W J I V N A P M L F E M E N H P A D R D
N T K N A K J O O G D B D J O L A B L N
M I R O I E J N I N O O C Y T L I O S O
K P A C R Z O H V M R A O Q E W C H B M
T S P R E C L U S J R O K G L P U C A A
M S Y G T C R O S S D R E S S I N G N I
P E M U S I C I A N S T I H B O M T D D
H X D M O T O R B O A T H C A Y K G R R
```

BASS VIOLIN
BEACH
BICYCLE
BIRTHDAY CAKE
BRACELET
CHICAGO
CONVENTION
CROSS DRESSING

DANCING
DAPHNE
DETECTIVE
DIAMONDS
EARRINGS
ENGAGEMENT
FLASK
GANGSTER

GIRLS BAND
HOTEL
JACK LEMMON
JAZZ
JERRY
JOE
JOSEPHINE
MARILYN MONROE

MASSACRE
MIAMI
MILLIONAIRE
MOB HIT
MOTORBOAT
MUSICIANS
OIL TYCOON
OSGOOD FIELDING
PARKING GARAGE
SAXOPHONE
SHOW BUSINESS
SPATS COLOMBO
SUGAR KANE
TONY CURTIS
TRAIN
ULCER
WITNESS
YACHT

Solution on page 178

Sunset Boulevard

```
R T A S S E R T C A W R O T C E R I D N
R S A O A R E M A C P W D H G R S T O S
G R E P O R T E R E D R U M N A I P O W
A N R R A C N E D L O H M A I L L I W B
R S I H U R I U G Q U K X J L A L R Y J
A N T P N T T U A N P D O Z R T I C L K
G E T S P D C M M O O R T S E U G S L J
E W A C M O V I E S T A R K Y X E K O F
C Y L R F L H M P N K V F K A E O C H P
R E F E A H C S Y T T E B F M D J A B W
E A T E M A N S I O N L J C N O U B K P
D R O N E K A X I V P U E S O L C E B P
I S S W I M M I N G P O O L V Q D M A X
T E B R N O I S S E S B O M X J H O E H
O V Y I Y E S A C E T T E R A G I C N H
R E L T U B D N O M S E D A M R O N N B
S J R E S A C R I A T S S E N D A M U Q
W A P R O J E C T O R N Z A B W J P U O
P S F W Z W S O O I D U T S G T R K B R
W G L O R I A S W A N S O N E S A S S M
```

ACTRESS
APARTMENT
BETTY SCHAEFER
BUTLER
CAMERA
CARD GAME
CIGARETTE CASE
CLOSE UP
COMEBACK
CREDITORS
DEBT
DIRECTOR
FAME
FLAT TIRE
GARAGE
GLORIA SWANSON
GUEST ROOM
HOLLYWOOD
JOE GILLIS
MADNESS
MANSION
MAX VON
MAYERLING
MOVIE STAR
MURDER
NEW YEARS EVE
NORMA DESMOND
OBSESSION
PARAMOUNT
PICTURES
PARTY
PROJECTOR
REPORTER
SCREENWRITER
SCRIPT
SHOPPING
STAIRCASE
STUDIO
SUNSET
BOULEVARD
SWIMMING POOL
TUXEDO
WILLIAM
HOLDEN

Solution on page 178

On the Waterfront

```
U K K X W D T X O G K G Q Y D K U Q B A
R H W R L I Y V H Z K M B T P K X G S C
V H H X B W T N O R F R E T A W R G F B
J Y R X N P Y N O K O L K D N V A I A P
B J F A M I L Y E O P O G T H M S O T B
N S O P O G W G K S T N T M A F I A H J
B H D H D E H L N E S G Z M N X B S E I
I C N M N O Y P R I E S T G D L I X R A
J R A R E N C R H H X H K C L R O C B C
Q U R T D S Y K N O U O T A I O A L A D
F H B P L M M F S L M R B M N I V E R B
D C N X A U Y P R I Z E F I G H T E R X
D W O L M E V O Q I S M L Q W Y I J Y D
R J L U L U B N R A E A T E Y S Z C K T
A O R L R R N E B C O N F E S S I O N H
Y Z A E A T D I J X T I D K K S A B V L
P F M H K R R O O F T O P L R C P B M I
I T D S U B P O E N A S N T Y T A I X X
H K B M Z A L V O U U K A E U Q O J U B
S S Z S G N I L B M A G N I D D E W H E
```

MARLON BRANDO
MURDER
NEW YORK
PANHANDLING
PIGEONS
PRIEST
PRIZE FIGHTER
ROOFTOP
SHIPYARD
SUBPOENA
TAXI CAB
TERRY MALLOY
UNION
WATERFRONT
WEDDING
WITNESS

ALLEY
BASEBALL BAT
BOXING
BROOKLYN
CHURCH
CONFESSION
COURTROOM
DOCKS

FAMILY
FATHER BARRY
FIGHT
GAMBLING
GLOVE
GUN
HARBOR
HOMELESS

IRISH
JACKET
JOHNNY
FRIENDLY
KARL MALDEN
LEE J COBB
LONG SHOREMAN
MAFIA

Solution on page 179

Vertigo

```
T U O F G C S H I P Y A R D B Q M N W P
R S G T O P G E M P V E T A Z U Z G F H
O S B B R R V O P O L I C E I T T O C S
O H A Q A A E D O O W E I R O J R A M Q
F A E N R R N S S U R V E I L L A N C E
T I T G F R B C T N C G C J E V W D R V
O R T L D R W A E R E W O T L L E B O I
P S Y C H I A T R I C H O S P I T A L T
C A L I F O R N I A N C F D C J S X E C
K L I K K G S B C F B A C M O D S S H E
F O S M A D E L E I N E E L S T E R C T
Q N M U R D E R M T S B L N E R M E A E
K A P P S T G Z M K A C V G W E A W B D
R A U Y T U V E R T I G O Y E I J O J C
L C V E S I P A I N T I N G N D O L M H
A C R O P H O B I A A T D E P M D F U U
Z S N U N Y L N O T R A B Y D U J E E R
Y R E T E M E C A L K C E N U L L G S C
C W F A L L I N G E R O T S K O O B U H
J D P M S M I K X K A R H F A V S G M A
```

ACROPHOBIA
BACHELOR
BARBARA BEL
  GEDDES
BEACH
BELL TOWER
BOOKSTORE
CALIFORNIA
CEMETERY
CHURCH
DETECTIVE
FALLING
FLOWERS
FOREST
GOLDEN GATE
  BRIDGE
GRAVE
HAIR SALON
IMPOSTER
JAMES STEWART
JOHN FERGUSON

JUDY BARTON
KIM NOVAK
LETTERS
MADELEINE
  ELSTER
MARJORIE WOOD
MURDER
MUSEUM

NECKLACE
NUN
PAINTING
PHOBIA
POLICE
PSYCHIATRIC
  HOSPITAL
ROOFTOP

SAN FRANCISCO
SCOTTIE
SHIPYARD
SURVEILLANCE
TRANCE
VERTIGO

Solution on page 179

A Streetcar Named Desire

```
N T X Y N E I G H B O R R S N M L T P T
Q P C F H T G O P O K E R A M P M T W D
D A R K G N U Y A D H T R I B M R N T P
A O Z I I S J M D C L N Y L N A L A Y T
F A H T E K K J A Z Z U S O O C L R Y V
H Q A W L E S E E R G H K R W H E U J H
O D I H N W T L U K R M S S J I H A E D
K F N V E T E R A N W I D O W N C T C O
E S M Y I K S L A W O K A L L E T S N C
G R A C V T S Z U B O X N G X S I E A T
A E R T I Z T Y U L Q K N V E H M R T O
G T L P V F R D P U V J Y C L O D Y I R
T S O U T H E R N B E L L E V P L W R G
R I N R K H E V E T S N A E L R O W E N
O S B K C G T L O H O C L A R N R S H I
M V R N N M C L W G O P Y X T R A I N L
Y F A A O G A N A I S I U O L H H T I W
B L N B W K R L N L N K H Q D N J M S O
B C D O C Q P E N G A G E M E N T Q I B
Y R O T C A F C V Q I J L A T T K P V T
```

ALCOHOL

BANKRUPTCY

BIRTHDAY

BLANCHE DUBOIS

BOWLING

CARD PLAYING

DATING

DOCTOR

ENGAGEMENT

FACTORY

HAROLD

MITCHELL

HOUSEWIFE

INHERITANCE

JAZZ

KIM HUNTER

LIGHT BULB

LOUISIANA

MACHINE SHOP

MARLON BRANDO

MARRIAGE

MORTGAGE

NEIGHBOR

NEW ORLEANS

PREGNANCY

POKER

RESTAURANT

SAILOR

SISTERS

SOUTHERN BELLE

STANLEY KOWALSKI

STELLA KOWALSKI

STEVE

STREETCAR

TEACHER

TRAIN

VETERAN

VIVIEN LEIGH

WIDOW

Solution on page 179

Mr. Smith Goes to Washington

```
R L H C E E P S C I H T E C N E D I V E
R E O J A M E S S T E W A R T H X V Z N
E N Y E E T T I M M O C M S I L A E D I
T G S W F F P M A R C H I N G B A N D A
R L N E A Q F F P O L I T I C S Y V L P
O I I I S L E E P D E P R I V A T I O N
P B V N D T R F R E P A P S W E N C N O
E E K P C L A R I S S A S A U N D E R S
R R I S D O I N U L O T S E T O R P A I
F T S R N Q L U D H I N C Q G R T R D R
Q Y C E O I W N B I T B S O L C D E R R
E C O G T L A G M L N R U M N N Z S A A
S M R N G M Y R O E O G A S I G V I W H
C A R A N O S A E V M T R N T T R D D H
A R U R I N T E T D E O I U A E H E E P
N G P Y H U A Q N M U R R P L E R N S E
D E T O S M T H G A I A N I A E J T X S
A L I B A E I J J E T J L O A C S I E O
L E O F W N O I T A N O D C R L J E L J
S T N E M T N I O P P A R N O E G I P O
```

APPOINTMENT
BOY RANGERS
CAPITOL BUILDING
CLARISSA SAUNDERS
CLAUDE RAINS
COMMITTEE
CONGRESS
CORRUPTION
DONATION
EDWARD ARNOLD
ETHICS
EVIDENCE
FILIBUSTER
GOVERNOR
IDEALISM
JAMES STEWART
JEAN ARTHUR
JEFFERSON SMITH
JIM TAYLOR
JOSEPH
HARRISON PAINE

LAWYER
LIBERTY
LINCOLN
MEMORIAL
MARCHING
BAND
MONUMENT
NEWSPAPER

PIGEON
POLITICS
PROTEST
RAILWAY
STATION
REPORTER
SCANDAL
SENATOR

SLEEP
DEPRIVATION
SPEECH
STANDING RULES
TELEGRAM
VICE PRESIDENT
WASHINGTON DC

Solution on page 179

Tommy Boy

```
O G Y H S I R A B L U A P I R T D A O R
S S E R T I A W G U Q W R O B L O W E Y
Y T L Q E T A U D A R G E G E L L O C L
L R R Q M E O M D A N A Y K R O Y D H A
R A A Z U G D H M K S A L E S M A N I V
E S F C F D A V I D S P A D E F S I Y I
V H S H R I M P C O C K T A I L T W K N
E B I N E D Y A H D R A H C I R R E S R
B A R O P R E N E H S E R F R I A C N A
S G H G E F B B L C N A C L I O M I I C
A U C N E A Q I L B O D E R E K S F L R
I A A I R C V I E C I A O Q X Q T F A A
L R M P T T P X B H T Y Z I H L E O Z S
I A O P E O F B R I A N D E N N E H Y H
N N T I N R C N O N T N C G B B R C A T
G T G T I Y Y Y C M S J C E Q R T M R E
S E I W P I F V K D S N H O T P S U N S
F E B O M M C N A H A L L A C Y M M O T
T A O C E L T T I L G S D A P K A E R B
V A U T O P A R T S P I H C T N I A P W
```

OHIO
OIL CAN
PAINT CHIPS
PINE TREE PERFUME
PAUL BARISH
RAY ZALINSKY
RICHARD HAYDEN
ROAD TRIP
ROB LOWE
SAILING
SALESMAN
SHRIMP COCKTAIL
STREET SMARTS
TOMMY CALLAHAN
TRASH BAG
WAITRESS

AIR FRESHENER
AUTO PARTS
BEVERLY
BIG TOM
BO DEREK
BREAK PADS
BRIAN DENNEHY
CARNIVAL

CLIP ON TIE
COLLEGE
GRADUATE
COW TIPPING
CRASH TEST
DAN AYKROYD
DEER
CHRIS FARLEY

DAVID SPADE
FACTORY
GAS STATION
GUARANTEE
HERBIE HANCOCK
LITTLE COAT
MICHELLE BROCK
OFFICE WINDOW

Solution on page 180

Bruce Almighty

```
N W J I M M Y H O F F A D E B B I E G I
A P P J R D O S O L A R E C L I P S E L
V V H B E I F R Y E R R A C M I J L B V
S K O U E N G A G E M E N T O P P L F M
W R T F G E N T E A C H E R U U R A S A
E O O F E R P I Q V N S K G N O A F T J
N L A A L A M F F U T F S P T S Y A E C
R Y L L E N N O C E C A R G E O E R V I
E A B O C I J C N I R O E E V T R A E F
P B U D T X W I H K M A N M E A B G C F
O K M E R T B I I O E J N A R M E A A A
R C S E I A O C T O R Y I I E O A I R R
T A E F C C B I R C S R W L S T D N E T
E J U E I M O A R T Z Z Y E T T S P L V
R B L V A N Q D K S G B R C H B O H L K
D I V I N E I N T E R V E N T I O N D Y
F S E L C A R I M G R E T X A B N A V E
S U S A N O R T E G A Y T R O T I N A J
W R E G A P O S T I T N O T E S M A K E
R O N O D D O O L B N A L O N E C U R B
```

ANCHOR
BAKERY
BIGGEST COOKIE
BLOOD DONOR
BRUCE NOLAN
BUFFALO
DEBBIE
DINER
DIVINE
   INTERVENTION
ELECTRICIAN
EMAIL
ENGAGEMENT
EVAN BAXTER
FILE CABINETS
GRACE CONNELLY
HOBO
JACK BAYLOR
JANITOR
JENNIFER ANISTON
JIM CARREY

JIMMY HOFFA
LIVE FEED
LOTTERY
   WINNERS
MIRACLES
MONKEY
MORGAN
   FREEMAN

MOUNT EVEREST
NEWS VAN
NIAGARA FALLS
PAGER
PHOTO ALBUMS
POST IT NOTES
PRAYER BEADS
PROMOTION

REPORTER
RIOT
SOLAR ECLIPSE
STEVE CARELL
SUSAN ORTEGA
TEACHER
TOMATO SOUP
TRAFFIC JAM

Solution on page 180

Meet the Parents

```
F G K M E P G A A T N T Q D B R M S R V
K N R C K U A T O I L E T E R I P O L O
V B D T Y P Z Z J Z V I L F J G X I L L
B Q Z D J K E V I N R A W L E Y L M O L
H P G N I R B L O O P G N I M M I W S E
V A T F G N O R E K C O F G E R G E T Y
C M R N F T A B T N Y I N H A A B S L B
Z B P O E M D B E S K I A T A L P A U A
G Y H Z B M Q V Y R V N L A Y Q P Q G L
U R B S P E E D O R T A A T G J T L G L
E N E D S R D G A D N D H T E E W X A R
S E N R Y B K C A J C E E E C A N Y G E
T S S I N Z D K Q G D C S N F I C T E H
R R T T R O P R I A N Y M D I J T H C E
O U I D O V J I N X I E N A R R T P E A
O N L W Y F X N O S L I W N E W O A E R
M E L I E D E T E C T O R T E S T K X S
V L E S U R V E I L L A N C E D J G J A
S A R A C N E E R G Z P P R O P O S A L
Z M F Q D R C Z L H F V A O U Y M W M K
```

PAM BYRNES
POEM
PROPOSAL
REHEARSAL
RING
ROBERT DE NIRO
SEPTIC TANK
SPEEDO
SURVEILLANCE
SWIMMING POOL
TEACHER
TERI POLO
TOILET
URN
VOLLEYBALL
WOOD CARVING

AIRPORT
ALTAR
BEN STILLER
BLYTHE DANNER
CIA AGENT
DEBORAH
DENNY
DINA BYRNES

ENGAGEMENT
FIRE
FLIGHT
ATTENDANT
GAZEBO
GREG FOCKER
GREEN CAR
GUEST ROOM

JACK BYRNES
JINXIE
KEVIN RAWLEY
LIE DETECTOR
TEST
LOST LUGGAGE
MALE NURSE
OWEN WILSON

Solution on page 180

Overboard

```
E S O H N E D R A G N I L K C I T D T A
R N J F P O Z A I S E N M A F H K H E K
I E Y S R O T N E V N I Y M O K U B S A
A R Q K G Y N Y E S R U O C F L O G O O
N D W E O G I L A T I P S O H W W R L N
O L H E L I M A T T R E S S L E E X C O
I I C T D C H A I N S A W I R H N W L S
L H U S I D T O N C X T N D S I G O I I
L C O H E N I H C A M G N I H S A W F O
I X C O H T D N D L A A U A C X P I E P
M H A O A T E V G L E G M A R M M D J J
F E R T W I N S L R N R V M Y G A O A S
Y L P I N J L E A I I I R Q W T H W C C
C K E N O T Y A T S A N N A O J C E K A
H S N G O N C X T R Y D G M B D P R E R
I N T N O G E R O B I L L Y P R A T T E
C O E O D E A N P R O F F I T T E O J C
K U R T R U S S E L L Q X Y A C H T Y R
E T T I F F O R P E I N N A K H C Y A O
N P F L A T B E E R D R A O B R E V O W
```

AMNESIA
ANDREW
ANNIE PROFFITT
BILLY PRATT
BOWLING ALLEY
CARPENTER
CAVIAR
CHAINSAW
CHEAP CHAMPAGNE
CHICKEN

CHILDREN
CLOSET
COUCH
DEAN PROFFITT
EDITH MINTZ
ELK SNOUT
FIRE EXTINGUISHER
FLAT BEER

GARDEN HOSE
GOLDIE HAWN
GOLF COURSE
GRANT STAYTON
HOSPITAL
INVENTOR
JOANNA STAYTON
KURT RUSSELL

LIFE JACKET
MATTRESS
MILLIONAIRE
OREGON
OVERBOARD
POISON OAK
SCARECROW
SKEET SHOOTING

TICKLING
TWINS
WASHING
MACHINE
WATER BARREL
WEDDING RING
WIDOWER
YACHT

Solution on page 180

Dumb and Dumber

```
F H Y N H O T D O G S R E P P E P Y C M
P O I S O N O S N A W S Y R A M O N E Y
V L A U R E N H O L L Y S O D E X U T N
B A S E V O L G R E M O O R G G O D Q E
R X M N K I G N I C H O L A S A N D R E
E A O E I Y E N N U D Y R R A H R G J R
N T S S B A A M T O I L E T M I A B K P
I I N A R D T R O P R I A E T S W G I S
D V A C F E A N N O Y I N G S O U N D G
T E R F T H C X U D N T Y T I D T A N N
W V E E F T Y I R O A L A I R C T V A I
O J V I I F Y S F L M T A I H I S G P P
R D I R L O E E E F I Y B N C M A O P P
M E R B I P R A N O O D K T D E Q D I O
S P D E K U R B N E A E A C Y I Q B N H
T O O N S O A A W E P C C J O V N Q G S
O M M E X S C S D H S S H I L R N G F R
R K I F Y R M S N O W B A L L F I G H T
E N L I Y H I C E L A N D I C O W L E K
N B G T Z G J H T O O B E N O H P S E K
```

AIRPORT
ANNOYING
  SOUND
ASPEN
BENEFIT
BRIEFCASE
DEAD BIRD
DINER

DOG GROOMER
DOG VAN
GAS STATION
GLOVES
HARRY DUNNE
HOTDOGS
ICELANDIC OWL
JEFF DANIELS

JIM CARREY
KIDNAPPING
LAUREN HOLLY
LAXATIVE
LIMO DRIVER
LLOYD CHRISTMAS
MARY SWANSON
MENTAL

MONEY
MOON LANDING
MOPED
NICHOLAS ANDRE
PEPPERS
PHONE BOOTH
POISON
POLICE OFFICER
RANSOM
ROCKY MOUNTAINS
SEA BASS
SHOPPING SPREE
SKI LIFT
SNOWBALL FIGHT
SOUP OF THE DAY
TIC TACS
TOILET
TUXEDOS
WORM STORE

Solution on page 180

Parenthood

```
E X G R U N Y L I R A M T C M D G S E T
S U S A N P A R E N T H O O D K N L I Y
Y O Z C M Z L D J A N Q J U S T I N K H
H E L E N B P U Y P I C T U R E S A E B
X Z P C B I L L H O T R E H S U I H V N
R W I A M I O I Y A B O F S Q N T T I P
F Q N R E R O Y N R U W E E F F R A N K
B Q B D E M H L I G R B O B C R E N A O
I E P R U T C I I E P A I C Y C V M H J
G S R I D M S M T T M R G A R W D T E S
E A L V Z Q I A T E T A O N R N A B L I
I E S E P Z I F O H K L R B A B R F M M
H S X R R N A N D C H E E R L E A D E R
D V I D E O C A M E R A G L I E Y T T M
S O K R G P Y M F G O E A R E A M T H R
F I A Z N P T K T Y H B L F O A G I A X
X K N K A G T C R X E C O L L E G E O Y
J Q B R N C A U I S L A C O O B G U Z D
J J T O C Z P B A Y R X K D P R I X E G
R Y V W Y N P B H R C V S N Z Y T S W C
```

ADVERTISING
BASEBALL BAT
BIRTHDAY PARTY
BUCKMAN FAMILY
CHEERLEADER
COLLEGE
COWBOY DAN
CROW BAR
FRANK
GAMBLING
   PROBLEM
GARRY
GEORGE
GIL
GRANDMA
HELEN
HELIUM
HELMET

JULIE
JUSTIN
KAREN
KEVIN
LARRY
LITTLE LEAGUE
LOCK
MARILYN

MARRIAGE
NATHAN
PARENTHOOD
PATTY
PICTURES
PIZZA
PREGNANCY
RACE CAR DRIVER

RETAINER
ROLLER COASTER
SCHOOL PLAY
SUSAN
TAYLOR
TOD
USHER
VIDEO CAMERA

Solution on page 180

Airplane!

```
R Y J T C G Y E X E A W Y Y D J T E Q B
T E T H E L M E R M A N S E I Q I Q V A
G O L F J J E C Z T B Q M V Y E T D I U
N C L L A B T E K S A B E N O B M O R T
I A C I O A I P O D L I H C K C I S U O
T R O G E R M U R D O C K U M O C T S P
A D C H M K T E D S T R I K E R Q U G I
E P K T I Q I N F L A T A B L E D O L L
W L P A R U E V O N I A T P A C I C U O
S A I T K C I R T C I G A M W N F S E T
R Y T T V V P P E A C E C O R P P L S Y
E I M E L B O R P G N I K N I R D R N E
G N I N O S I O P D O O F J Q Y L I I K
N G U D C B D T J L W W A F Y S A G F S
E N S A S S R E T R A U Q D A E H H F O
S N G N I C N A D K C A M U R R D R I R
S Q I T D I C E R A W R E P P U T P N C
A A N A L A N D I N G U I T A R P R G C
P Y U V L A T I P S O H Y R A T I L I M
S H I R L E Y F S I I B E N A L P R I A
```

AIR TRAFFIC
   CONTROLLER
AIRPLANE
AUTOPILOT
BASKETBALL
CAPTAIN
   OVEUR
CARD PLAYING

COCKPIT
DANCING
DISCO
DR RUMACK
DRINKING
   PROBLEM
ELAINE
ETHEL MERMAN

FLIGHT
   ATTENDANT
FOOD POISONING
GIRL SCOUTS
GLUE SNIFFING
GUITAR
HEADQUARTERS
INFLATABLE DOLL

IV LINE
JIVE
LANDING
MAGIC TRICK
MCCROSKEY
MILITARY HOSPITAL
NUNS
PASSENGERS
PEACE CORP
PILOT
ROGER MURDOCK
SHIRLEY
SICK CHILD
SWEATING
TED STRIKER
TROMBONE
TUPPERWARE
VIRUS

Solution on page 181

Just Friends

```
D U S T Y D I N K L E M A N I D O C I V
K L Z I S G J A N N A F A R I S A V B Z
U G D L U I S A I R E T A I N E R S D H
O O I I O F T E M B P O R S C H E O C I
T W T V Y Z L N L I O Y B A B M C N H G
P A N C A K E S E E E A L R A D U G R H
R A M Y S M A R T D G P K J U L D W Y S
N N W I Z H D M R E D N A R B L O R A C
F O R G I V E N E S S H A L A O R I N H
X H O T R D A Y D A T E U S A L P T R O
C H U B B Y B U N N Y H C I O M C E E O
D N F A P R I V A T E J E T J L I R Y L
A Y E K C O H M R T O H S P A L S N N O
Q B R E D N A R B E K I M R Z P U B O N
N U G R E S A T S H O P P I N G M A L L
S E R U T C I P I C E S K A T I N G D U
E N O Z D N E I R F E B O L G W O N S F
Y E A R B O O K H Y E S R E J W E N J A
S A M T S I R H C T O O T H P A S T E M
W Z D E W T N P A M B U L A N C E X N L
```

AHI TUNA
AMBULANCE
AMY SMART
ANNA FARIS
BABY OIL
CAROL BRANDER
CHRIS BRANDER
CHRIS KLEIN
CHRISTMAS
CHUBBY BUNNY
CLARK
DARLA
DAY DATE
DENTIST
DUSTY DINKLEMAN
FORGIVENESS
FRIEND ZONE
GUITAR
HIGH SCHOOL

HOCKEY
ICE SKATING
JAMIE PALAMINO
LOS ANGELES
LUNCH
MIKE BRANDER
MUSIC PRODUCER
NEW JERSEY

PANCAKES
PICTURES
PORSCHE
PRIVATE JET
RETAINER
RYAN REYNOLDS
SAMANTHA
JAMES

SHOPPING MALL
SLAP SHOT
SNOW GLOBE
SONG WRITER
TASER GUN
TOOTHPASTE
VICODIN
YEARBOOK

Solution on page 181

Blazing Saddles

```
R I Q O C T G R N W O Y P T R B K B W K
J E O B Q T P E M K H B E R I F P M A C
V O T H R E W W O U H M A B D O F Y N O
U M H A S A L O O N S M C C T O X G C W
O P B N E E W T C M A I R V K P J N E B
X N B G S H B L T L V E C H E S S C U O
S N K I U O T L Y I D Y N A M I T E J Y
M R B N G T N E J L L A B E L D D A P S
K E S G J B L B I I H N Z Y X M I N G C
S T F I E D A W D V W P O J O L I S G E
S S T U E M E N E O O H I V C S K S T L
F E I H C N A I D N I M I E A R H J R I
G W A D E S E R T S T E L T F E O L A M
D V D G K L E V O H S L W Z E I L L G O
Y Z X C B B U T H T A B C P T H G C G U
E M I U A Z I O U U T R N S E V O H A S
G U Q V O D Z D L P G O V E R N O R T I
Q P K I K V I P O P C O R N I F A B S N
A G F S A O N P P C Y K Z H A I C H J E
K E V S E A U P G G Z S H E R I F F V M
```

MOVIE STUDIO
MOVIE THEATER
MUSICAL
PADDLEBALL
PIE FIGHT
POPCORN
QUICKSAND
SALOON
SHERIFF
SHOVEL
SPOOF
TAGGART
WESTERN
WHITE HORSE

BACKSTAGE
BART
BATHTUB
BELL TOWER
BIG BAND
BRAWL
CAFETERIA
CAMPFIRE

CHESS
CLEAVON LITTLE
COWBOYS
DESERT
DYNAMITE
GENE WILDER
GOVERNOR
HANGING

HEDLEY LAMARR
INDIAN CHIEF
JAIL CELL
JIM
JOHNSON
LILI VON SHTUPP
LIMOUSINE
MEL BROOKS

Solution on page 181

Happy Gilmore

```
L R G R A N D M A W D G F O D R W S D J
E C O R I D A S G G N I T T U P R L S F
O U L P A E N D L E S S L O V E A M I P
I I F F O G N I E E T B L T A L N B O Z M
A F C J W A V Z F B V F E K O X T V Z Y
V P L R S N A I U O L J C D L T R E L T
L B U O K B G H F O R E C L O S U R E F
Z G B T G H C H G M H M N T A X E S R R
P C E A T E M O W W R E K R A B B O B Z
M A M G S B R O K E N B O T T L E Y J N
I D O I E P E U H A P P Y G I L M O R E
K D H L T N T P T E K C A J D L O G H G
P Y G L A A O A D A M S A N D L E R A A
K E N A K T O N W D I E T C O K E W N W
G K I F S E H C I W D N A S Y A W B U S
L C S I E N S B W E C A I N I G R I V K
P O R I C O R D E R L Y I M O R M I S L
U H U S I A M Z Z W O O D E N H A N D O
C T N E M A N R U O T O H S P A L S D V
K U R R E C N U O N N A C S H F S X D J
```

ADAM SANDLER
ALLIGATOR
ANNOUNCER
BOB BARKER
BROKEN BOTTLE
CADDY
CHRISTOPHER
  MCDONALD
CHUBBS
CLOWN
DIET COKE
ENDLESS LOVE
FIST FIGHT
FORECLOSURE
GOLD JACKET
GOLF CLUB
GRANDMA
HAPPY GILMORE
HECKLER

HOCKEY
HOLE IN ONE
ICE SKATES
MINIATURE GOLF
MOVERS
NURSING HOME
ORDERLY
OTTO

PRO GOLF
  TOUR
PUCK
PUTTING
SHOOTER
MCGAVIN
SIZZLER
SLAP SHOT

SUBWAY
  SANDWICHES
TAXES
TEEING OFF
TOURNAMENT
VIRGINIA
VOLKSWAGEN
WOODEN HAND

Solution on page 181

2001: A Space Odyssey

```
R E S A C Z M Z E G E S U M V Y I Z A D
I F A Q O E N O H P Y A P B I R A R V X
E S U M M R K W O B N V H P X Z J U C N
K J U T P O C S F R A N K P O O L E F O
A N U O U G I M W C H E S S D L F X P I
D R Y H T R A E U N C T V K L O Q P K T
T A E U E A E U G N I D A E R P I L N U
E V G A R V M X Q H Y K A B A J R O R L
F M I S S I O N C O N T R O L L E R M O
H S I D E T I L L E T A S E P A S A N V
Y S C J E Y R F S P A C E S H U T T L E
S E J I J O D O Y Y I Y A D H T R I B N
Y D W R E O X B N N M J H A A L E O E I
I R D A O N G U E A U S T K L B S N L T
V A Y W L F T G Q P U Q I Z V I R O E N
Q W Y D P T O I I N F T L E O L E K Y A
M E K L M Y Z T S N G M O L R I V N T R
H T Y O R Q E D J T G U N E S D I J F A
N S O C M R O T C O D E O N E H N H S U
A N E H P D A V E B O W M A N L U A Z Q
```

MISSION
   CONTROLLER
MONOLITH
MOON
NASA
PAY PHONE
RALPH HALVORSEN
QUARANTINE
SATELLITE DISH

ALIEN	COMPUTERS	FRANK POOLE	SCIENTIST
ANDREI SMYSLOV	CRYOGENICS	FUTURE	SPACE SHUTTLE
APES	DAVE BOWMAN	HAL	STEWARDESS
ASTRONAUT	DOCTOR	HEYWOOD	UNIVERSE
BATHROOM	EARTH	FLOYD	VACUUM
BIRTHDAY	ELENA	JOGGING	VIDEO
CHESS	EVOLUTION	JUPITER	WALTZ
COLD WAR	EXPLORATION	LIP READING	ZERO GRAVITY

Solution on page 182

Aliens

```
V S P G T H U D S O N O I T C E S S I D
L K I Q O H Z O B U P R E H Z N L K L M
M I F C T G A J S C I N E G O Y R C E B
S O E B R N G Y S S E R A M T H G I N V
W K D U D I S C I N O Y R C B I S H O P
F P X R T D S E G S V H S U B M A E R T
N J O Y R E G N O T X A P L L I B N O F
D I C A N E N K U T Z I S E L C P Y L A
D A M I W R S A R P Z F P Q K H N A C R
X Y R P U B M I N Y M L A K U A M W A C
D A E K R U B R E T R A C C G E R D S E
M P F L N E W T Y R G E E R T L Z D B C
I G O S P E G W W X L O T H O B P J S A
S C L O R I S N E C H U R A T I A W N P
S O L D I E R S A Q H O A M W E R A O S
I M D Y J F N N V T W C V P A H A R P C
O B J H O E F G E E I V E Q I N S Y A W
N A M A I X O F R L C O L O N Y I G E W
P T I L N X B Y G O L O N H C E T A W Z
T H A N D G R E N A D E S C A P E D J Z
```

ACID
ALIENS
AMBUSH
ANDROID
BILL PAXTON
BISHOP
BREEDING
CARTER BURKE
COLONY
COMBAT
CRYOGENICS

CRYONICS
DARKNESS
DISSECTION
DRAKE
DWAYNE HICKS
ELLEN RIPLEY
ESCAPE
FLAME THROWER

HAND GRENADE
HUDSON
IMPREGNATION
LIEUTENANT
GORMAN
MARINES
MICHAEL
BIEHN

MISSION
NEWT
NIGHTMARE
PARASITE
PAUL REISER
SIEGE
SIGOURNEY
WEAVER

SOLDIERS
SPACE
TRAVEL
SPACECRAFT
TECHNOLOGY
VASQUEZ
WARRIOR
WEAPONS

Solution on page 182

Signs

```
N O I S I V E L E T E L E S C O P E F W
O F E R O T S K O O B O H E S S I J L I
S P E N N S Y L V A N I A G S I O F A D
B D Q I Z U T A B L L A B E S A B G S O
I O Y D D E R Y A R S I H U Q A E C H W
G E X O R B M I B T D M E U X R B A L E
L J B F T O V Y H U A L I N M M U R I R
E Q E F N A C M P H C N S A S Y T A G U
M N I I E R A E A A P K N K B R C C H A
E C T C M D L R R H N S S I J E H C T C
R O R E E G I O T H T C C M C E I I T
R R O R S D M E C E U O R N O R R D A E
I N R P A W N W P T L O I Y X U K E F S
L F Y A B I G A I L B R E S L I N N K G
L I C S X N R B E M W C U K I T I T F N
H E U K P D N E R E V E R M I E F E Y I
E L L I S O N A S E S S A L G R E T A W
S D K Q M W F T I N F O I L H A T S O S
S S I J B S Y C R O P C I R C L E S G V
C C N S S E H N A G R O M I N H A L E R
```

ABIGAIL BRESLIN

ALIENS

ARMY RECRUITER

ASTHMA

BABY MONITOR

BASEBALL BAT

BASEMENT

BO HESS

BOARDED WINDOWS

BOOK STORE

BUCKS COUNTY

BUTCHER KNIFE

CAR ACCIDENT

COLLEEN

CORN FIELDS

CROP CIRCLES

FAITH

FARM

FLASHLIGHT

GERMAN SHEPARDS

GRAHAM HESS

INHALER

JOAQUIN PHOENIX

MEL GIBSON

MERRILL HESS

MIRACLE

MORGAN HESS

OFFICER PASKI

PANTRY

PENNSYLVANIA

RAY REDDY

REVEREND

RORY CULKIN

STRIKE OUT RECORD

SWING SET

TELESCOPE

TELEVISION

TIN FOIL HATS

WATER GLASSES

WIDOWER

Solution on page 182

Men in Black

```
T X P C Y G C Y C O Y A K T N E G A V E
V C O G G A Z L C S C G F D G O D G U P
K O S D O E S T I U S K C A L B T E V E
T C T B L G T E K C I R C Y S I O N X P
A K C T O N N D N N S V R A E A R T H G
B R A E N I I E W O D T O R V N E J S O
L O R Z H H R Z T N J R I Q C R N A P V
O A D D C T P F R I U E A U M V Y Y A E
I C S R E Y R E O T C L E I R X Q D C R
D H B E T H E I P N I S N L A C N R E N
S T E Z D S G H S E O A E L Y O E Z C M
E I E Y Y A N C N R T D A I M M I R R E
S M J L E L I S A O F G T A K N M M A N
S S K A U F F G R I E O I N O O C O F T
A L C R G A D P T F Z D W B E K O I T O
L L A U R E L W E A V E R A R C E R X U
G I J E O O G W H D N A T T A H N A M R
N W W N M T D P Y N C Z D T G F I I C B
U R E C U A S G N I Y L F L D E J A V U
S N U G C I T C A L A G R E T N I K O S
```

AGENT JAY
AGENT KAY
ALIENS
ARQUILLIAN BATTLE
BLACK SUITS
CARBONIZER
CAT
CHIEF ZED
COCKROACH
DÉJÀ VU
DIAMOND
EARTH
EDGAR
EXTERMINATOR
FINGER PRINTS
FLASHY THING
FLYING SAUCER
GALAXY
GOVERNMENT
INTERGALAC-
    TIC GUNS

JACK JEEBS
LAUREL WEAVER
LINDA
    FIORENTINO
MANHATTAN
MORGUE
NEURALYZER
NOISY CRICKET

NYPD
POSTCARD
PUG DOG
RECRUITS
ROOKIE
SPACECRAFT
SUNGLASSES
TABLOIDS

TECHNOLOGY
TOMMY LEE
    JONES
TOUR BUS
TRANSPORT
VINCENT
    DONOFRIO
WILL SMITH

Solution on page 182

War of the Worlds

```
D Q O U O R E T T U B T U N A E P Y Y A
X M K Y P A S H E S S H O T G U N P F I
K A N L X C X Q A T A O B Y R R E F L R
F R L I G H T N I N G N O I S A V N I F
X Y O N J E D S D L E I H S C I L V D O
R A R C A L T G G C D V Q H A R L A N R
G N L O K F R L E V O H S N R S K M Z C
S N D L R E K R O W K C O D M O Y A H E
F E R N N R T L R X H I N I T E E J R S
Y C N A I R P L A N E C R A S H M C N I
N N D V R I W E A I S A F R U I D I O U
X E S E A E T P B U N A E E N D B F T R
V T D N M R P B L D N J K I W B E F S C
G A O U M S O H A N W C V R O A J A O M
C N P E I R Y O I E K A H R I V E R B O
C K I O R T T N N T N E M E S A B T G T
M S R R R T G E R U L I A F R E W O P Y
Q K T P O I M I L I T A R Y B A L L U L
H S P G R B Z X B A S E B A L L E Z V S
G T D B Q F R E P O R T E R G N M A B Y
```

AIR FORCE
AIRPLANE CRASH
ASHES
BASEBALL
BASEMENT
BOSTON
DAKOTA FANNING
DOCK WORKER

FERRY BOAT
HAND GRENADE
HARLAN
INVASION
LIGHTNING
LINCOLN AVENUE
LULLABY
MARY ANN

MILITARY
MINI VAN
MIRANDA OTTO
MIRROR
NEW JERSEY
PEACH SCHNAPPS
PEANUT BUTTER
POWER FAILURE

RACHEL FERRIER
RAY FERRIER
REPORTER
RIVER
ROBBIE
ROCKET LAUNCHER
SHIELDS
SHOTGUN
SHOVEL
TANKS
TIM ROBBINS
TOM CRUISE
TRAFFIC JAM
TRIPODS
VAPORIZE

Solution on page 182

The Day the Earth Stood Still

```
L A T I P S O H Y R A T I L I M U E U J
L A N D R O I D C S R X D P Q F L C X E
T H I L L Q U A R A N T I N E L T C J P
G N Y R K T U W W O P E K I M Y I E F P
D E T G O X C D S S Y A V D N I M Q R W
R F U B U M L N F S P S T E O N A U I F
A C O D K O E Q C N C H B I T G T A H N
O R K I C B C M J E G I O X G S U T A T
B A C D N O T G N I H S A W N A M I R I
K R A E L C U N L L R B R V I U Z O O P
L T L I H T N H W A O P D C L C G N T R
A E B H R F S F I B D C I I R E Y S A O
H L Y X J A C O B B A R N H A R D T V T
C E G T L R W Y E C S G G I B M H S E E
L V C F V C B P U W S F H U L Z O F L S
I I T I D E A T H R A Y O F P L A N E T
N S X G N C A V J E B Q U A D D T I D A
A I K S S A J X E O M R S B A R L E Y N
D O O E L P P D P E A C E M E T E R Y K
G N W K T S I T N E I C S O L D I E R S
```

ALIENS
AMBASSADOR
ANDROID
ARLINGTON
BLACKOUT
BOARDING HOUSE
BOBBY BENSON
CEMETERY
CHALKBOARD
COLD WAR
DEATH RAY
DIAMOND
ELEVATOR
EQUATIONS
ESCAPE
FLASHLIGHT
FLYING SAUCER
GIFT
GORT

HELEN BENSON
HOSPITAL
JACOB
BARNHARDT
KLAATU
LINCOLN
MEMORIAL
MILITARY

MRS BARLEY
NUCLEAR
PANIC
PEACE
PLANET
PROTEST
QUARANTINE
ROBOT

SCIENTIST
SOLDIERS
SPACE CRAFT
TANKS
TELEVISION
TOM STEVENS
ULTIMATUM
WASHINGTON DC

Solution on page 182

Independence Day

```
R H J C V I R U S S E L L C A S S E E I
G N I D D E W C J T N E D I S E R P N F
V A S A U U H R S A T E L L I T E V R J
M O O N A N W O D T N U O C I G A R S E
S D Y C L E D P K U V B C X B S G S N F
Y A D E C N E D N E P E D N I A N V I F
C V A R O O O U E O M V T O S E I K T G
H I L O H Y R S Q F V S N V I R R L O O
E D T M O T O T N L Q T Z L O O N F L L
S L S T L F T I G I C E A N Y Y I O I D
S E R I I L N D B V V M W P E H U P B
P V I H C F E G W E I E E D L R P R R L
A I F W V A Q Z L R N N L O X G L T E U
C N S N D E R O M T I H W S A M O H T M
E S T Y W R S H A Y L I M Z U A D O H D
S O Z L N A M L L U P L L I B I T F G E
H N W I L L S M I T H L B Z B L L J I S
I M S R E T U P M O C E N Y O L U U F E
P K C A P T A I N E C R O F R I A L J R
J A S M I N E S U O H E T I H W Z Y N T
```

AIR FORCE	COMPUTERS	ENVIRONMENTAL	JEFF GOLDBLUM
ALCOHOLIC	COUNTDOWN	FIGHTER PILOT	JULIUS LEVINSON
ALIENS	CROP DUSTING	FIRST LADY	MARILYN WHITMORE
AREA FIFTY ONE	DANCER	FOURTH OF JULY	NEW YORK
BILL PULLMAN	DAVID LEVINSON	INDEPENDENCE	PRESIDENT
CAPTAIN	DESERT	DAY	RUSSELL CASSE
CHESS	DOLPHIN RING	INVASION	SATELLITE
CIGARS	EL TORO	JASMINE	SPACESHIP
			STATUE OF LIBERTY
			STEVEN HILLER
			THOMAS WHITMORE
			VIRUS
			WEDDING
			WHITE HOUSE
			WILL SMITH
			WILLIAM GREY

Solution on page 183

Close Encounters of the Third Kind

```
N R U B N U S E N A L P G N I S S I M Y
E L E V A C U A T I O N A M E L B A C R
L T C F T N E M N R E V O G S R T H Y A
T O G A R B A G E T R U C K I H I R S E
T G I E C A L P E R I F C G L M A T E N
A H L S C A N X E A D W H E N E R K S Y
C E L D E M L C B F I T P E N O P S M O
O L I X S O E B O F L A Y E N E U A O R
N I A E A O T O L I H W I A I F M M J H
S C N U N N V A G C S N U K Y M O S A S
P O G S D I I H T C N T S E R O F A V U
I P U P S E T A P O W E R O U T A G E R
R T I A T S L N R N P D Y U L E F S D B
A E L C O S Y A A T D D E R F L K Z E H
C R A E R N N C C R L N E C A F T F S T
Y I R S M O S E A O A E A H I T A P E O
D G G H L I O H I L M U D G S L I U R O
K A K I T S C E N L Y B Q O R A O L T T
U R H P J I U Y R E A L E N M O M P I G
K R G X R V M A E R C G N I V A H S K M
```

AIR TRAFFIC
   CONTROLLER
ALIENS
ASTRONAUT
BRIGHT LIGHTS
CABLE MAN
CATTLE
CHAPEL
CHIMNEY
CLAUDE LACOMBE
CONSPIRACY
EVACUATION
FIREPLACE
FOREST
FRANCOIS
   TRUFFAUT
GARBAGE TRUCK
GAS MASK
GILLIAN GUILAR
GLOBE

GOVERNMENT
HELICOPTER
MASHED
   POTATOES
MILITARY
MISSING PLANES
MODEL TRAIN
MOJAVE DESERT

MOTEL
ORGAN
POLICE
POWER OUTAGE
QUARANTINE
RICHARD
   DREYFUSS
RONNIE NEARY

ROY NEARY
SAND STORM
SHAVING CREAM
SPACESHIP
SUNBURN
TERI GARR
TOOTHBRUSH
VISIONS

Solution on page 183

Armageddon

```
T O K J X E N O I T A T S E C A P S J M
S K C M U V O D N U C L E A R B O M B I
I N I E M I T N D T S O R F J A C S E C
G O H N J T R U E U E E H O U S T O N H
O S C G L A O O P A L D I O R E T S A A
L L N A O D H H E N T W H L V R M C F E
O I A G A E T K N O T B Q E E E V A F L
E W M E N S B C D M U F B L T P P R L C
G N U M S E O O E S H U A E V M O A E L
H E R E H S B R N O S S O V M A W B C A
E W T N A R Y B C C P R D A S T I R K R
C O N T R O L C E N T E R N D S L U D K
A I A O K H L M N A S A O D R E L C R E
E L D L G N I L L I R D E R O C P E E D
P R V I F O B G M S S X W O W A A W T U
N I J P H A R R Y S T A M P E R T I H N
E G A S T R O N A U T K Y O V G T L G C
E W I L L Y S H A R P G O V I P O L U A
R E L Y T V I L M O D E E R F L N I A N
G A M B L I N G A R M A D I L L O S D O
```

HORSE SEDATIVE
HOUSTON
INDEPENDENCE
LEV ANDROPOV
LIV TYLER
LOAN SHARK
METEOR
MICHAEL CLARKE
  DUNCAN
NASA
NUCLEAR BOMB
OIL RIG
OSCAR
OWEN WILSON
PILOT
ROCKHOUND
RUSSIAN
  COSMONAUT
SHUTTLE
SPACE STATION
STEVE BUSCEMI
WILL PATTON
WILLY SHARP

A J FROST
ARMADILLOS
ASTEROID
ASTRONAUT
BEAR
BEN AFFLECK
BILLY BOB
  THORTON

BRUCE WILLIS
CHICK
CONTROL
  CENTER
DAN TRUMAN
DAUGHTER
DEEP CORE
  DRILLING

ENGAGEMENT
FIVE WORDS
FREEDOM
GAMBLING
GEOLOGIST
GRACE STAMPER
GREENPEACE
HARRY STAMPER

Solution on page 183

Star Wars

```
U U I H M U L E A G W A R P S P E E D C
Y X A L A G K L L R U E M P I R E Q L H
O Y R I E R D M E W D J F P M I U B K F
A F A M B E R B S A J E D I K N I G H T
T M I U R O A I V H M Z V H B C L P A O
N J M A O S N H S P U E C S D E U H N O
E W A I T O T E P O H D O L T S K Z S Q
W N R H C R F O K G N A K E R S E N O R
O Y G S A O I H R N L F M B E L S O L A
E I O D R B G C N M A L O E S E K I O C
L I L I T O H L S Q T W I R E I Y L R C
C N O O I T T O M L A R I M D A W L A A
N T H R C S E N U M E O O B A X A E T B
U Y K D S U R E B T N U A O O H L B S W
R B S N C E P W O O K I E E P N K E H E
Z E K A T S L A I R E P M I U E E R T H
S N S S F C A R R I E F I S H E R B A C
O G A C Z K N S X C D O P E P A C S E M
T M M H U S E T H E F O R C E X R E D F
L X H T X E N Y H T A P E L E T I O D E
```

ADMIRAL MOTTI

ALDERAAN

ANDROIDS

AUNT BERU

BEN OBI WAN
   KENOBI

CARRIE FISHER

CHEWBACCA

CLONE WARS

DARTH VADER

DEATH STAR

DESERT

EMPIRE

ESCAPE POD

FIGHTER PLANE

GALAXY

HAN SOLO

HARRISON FORD

HOLOGRAM

HOPE

IMPERIALS

JEDI KNIGHT

LIGHT SABER

LUKE SKYWALKER

MARK HAMILL

MASKS

MASTER

PRINCESS LEIA

ROBOTS

REBEL SHIP

REBELLION

RESCUE

STORM TROOPERS

TELEPATHY

TRACTOR BEAM

UNCLE OWEN

USE THE FORCE

WARP SPEED

WOOKIEE

Solution on page 183

ANSWERS

Chapter 1: It's All about the Journey

Thelma and Louise

The Lord of the Rings: The Fellowship of the Ring

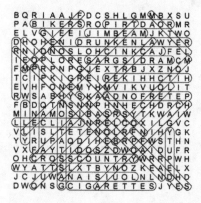

Easy Rider

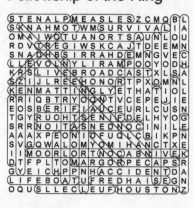

Apollo 13

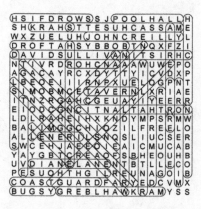

A Perfect Storm

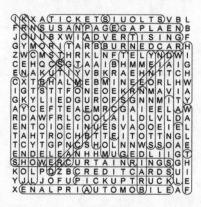

Planes, Trains, and Automobiles

Chapter 1: It's All about the Journey

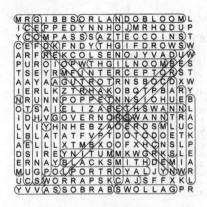

Pirates of the Caribbean:
The Curse of the Black Pearl

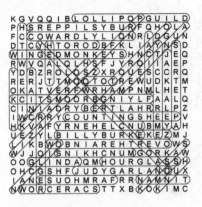

The Wizard of Oz

Wild Hogs

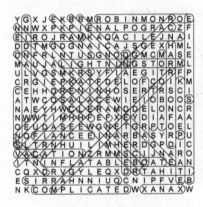

Six Days Seven Nights

Chapter 2: And the Oscar Goes to . . .

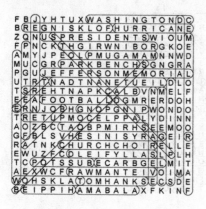

Forrest Gump

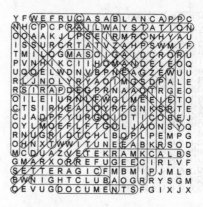

Casablanca

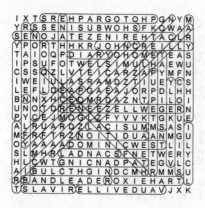

Chicago

The Godfather

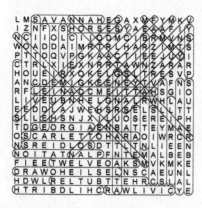

Gone with the Wind

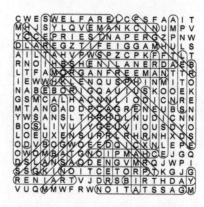

Million Dollar Baby

Chapter 2: And the Oscar Goes to . . .

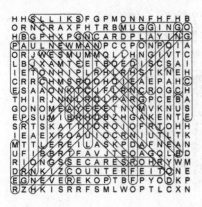

The Sting

American Beauty

Lawrence of Arabia

Braveheart

Chapter 3: A Little Romance

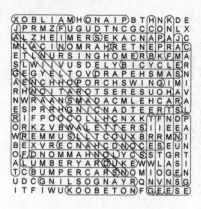

The Notebook

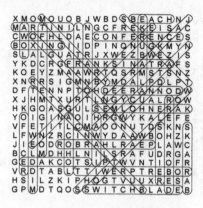

From Here to Eternity

An Affair to Remember

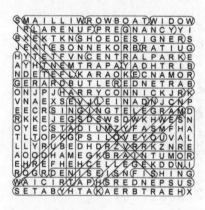

P.S. I Love You

Ghost

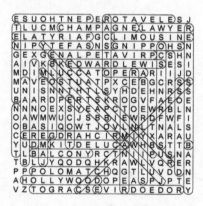

Pretty Woman

Chapter 3: A Little Romance

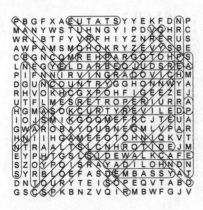

Roman Holiday

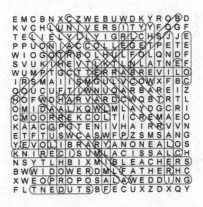

Love Story

Say Anything . . .

Up Close and Personal

Chapter 4: Family Fun

Charlie and the Chocolate Factory

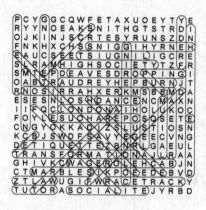

My Fair Lady

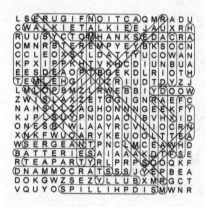

Toy Story

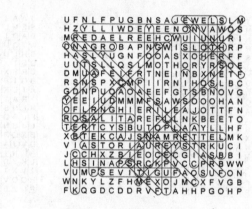

The Goonies

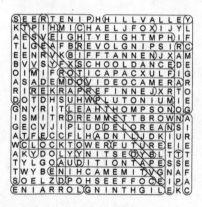

Back to the Future

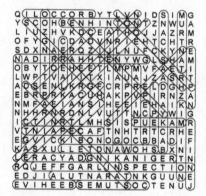

Daddy Day Care

Chapter 4: Family Fun

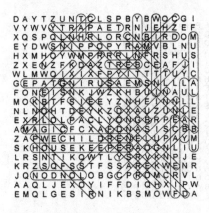

Mary Poppins

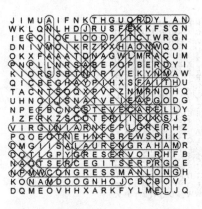

Evan Almighty

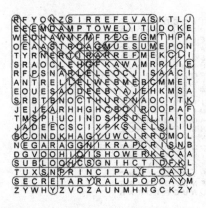

Ferris Bueller's Day Off

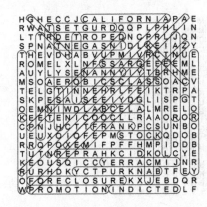

Fun with Dick and Jane

Chapter 5: The Old West

Butch Cassidy and the Sundance Kid

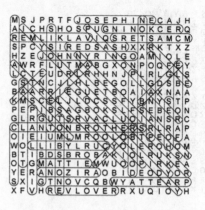

Tombstone

Unforgiven

The Good, the Bad, and the Ugly

3:10 to Yuma

The Missing

Chapter 5: The Old West

The Wild Bunch

The Magnificent Seven

High Noon

Rio Bravo

Chapter 6: Independent Wonders

Little Miss Sunshine

Juno

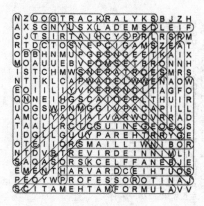

Good Will Hunting

Napoleon Dynamite

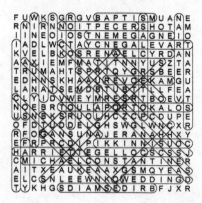

My Big Fat Greek Wedding

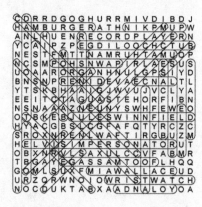

Pulp Fiction

Chapter 6: Independent Wonders

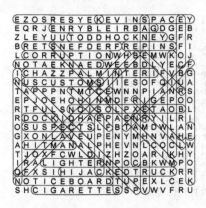

The Usual Suspects

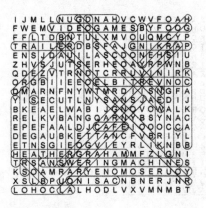

Swingers

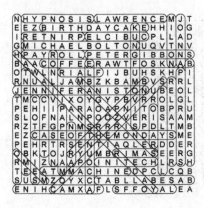

Office Space

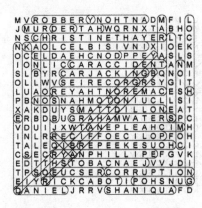

Crash

Chapter 7: Judge and Jury

12 Angry Men

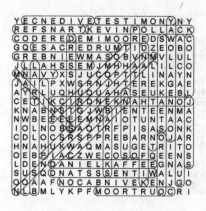

A Few Good Men

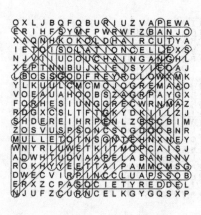

Cool Hand Luke

The Shawshank Redemption

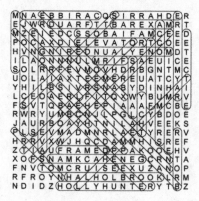

The Firm

The Fugitive

Chapter 7: Judge and Jury

The Green Mile

A Time to Kill

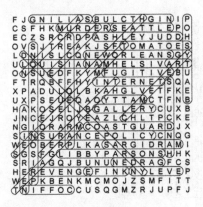

Double Jeopardy

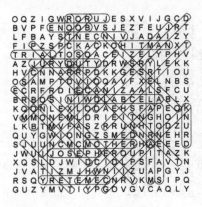

The Juror

Chapter 8: It's Beginning to Look a Lot Like Christmas

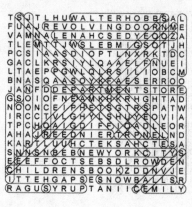

Elf

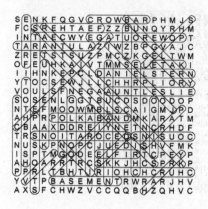

Home Alone

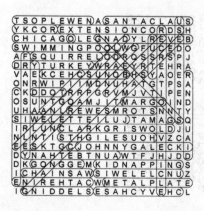

National Lampoon's Christmas Vacation

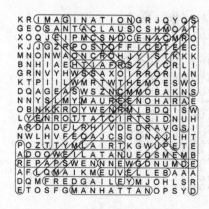

Miracle on 34th Street

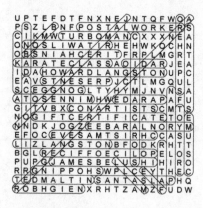

Jingle All the Way

Scrooged

Chapter 8: It's Beginning to Look a Lot Like Christmas

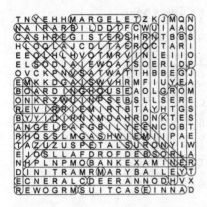

It's a Wonderful Life

Christmas with the Kranks

How the Grinch Stole Christmas

A Christmas Story

Chapter 9: Love in Manhattan

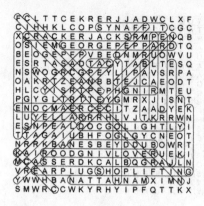

Breakfast at Tiffany's

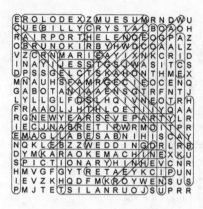

When Harry Met Sally . . .

Annie Hall

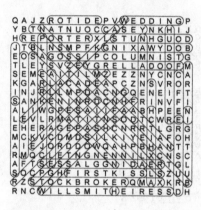

Hitch

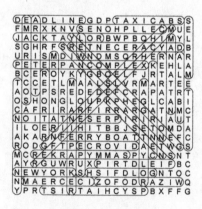

One Fine Day

Serendipity

Chapter 9: Love in Manhattan

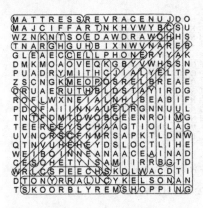

Two Weeks Notice

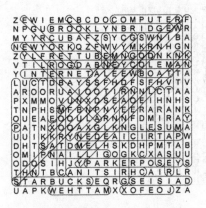

You've Got Mail

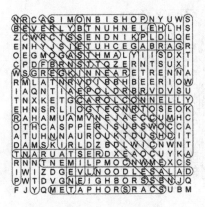

As Good as It Gets

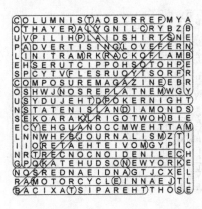

How to Lose a Guy in 10 Days

Chapter 10: Sports Fans

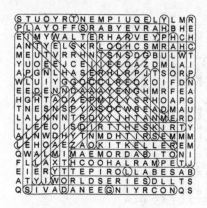

A League of Their Own

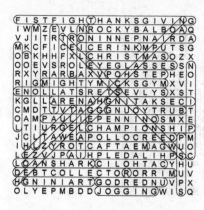

Rocky

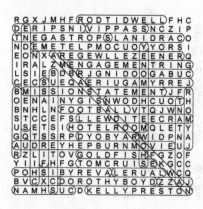

Jerry Maguire

Rudy

Raging Bull

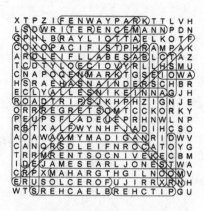

Field of Dreams

Chapter 10: Sports Fans

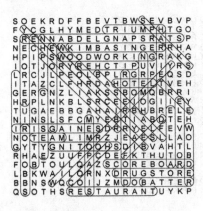

The Natural

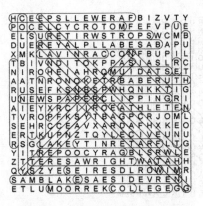

Pride of the Yankees

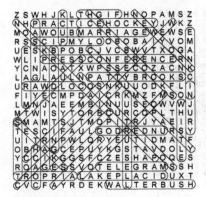

Miracle

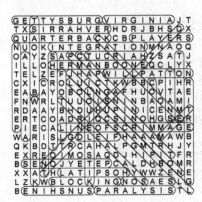

Remember the Titans

Chapter 11: True to Life

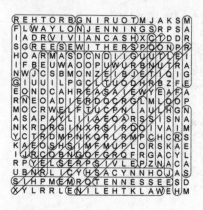

Walk the Line

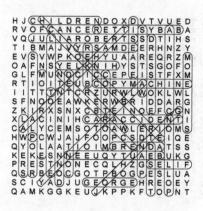

Erin Brockovich

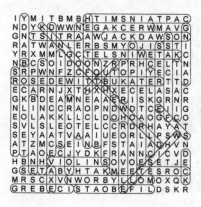

Titanic

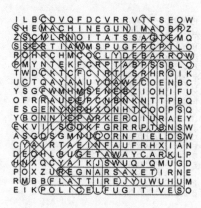

Bonnie and Clyde

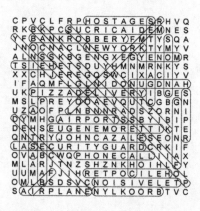

Dog Day Afternoon

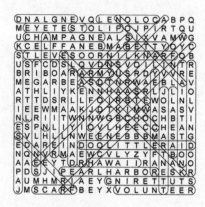

Pearl Harbor

Chapter 11: True to Life

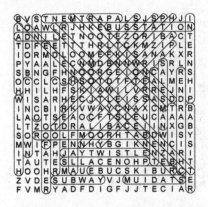

The Pursuit of Happyness

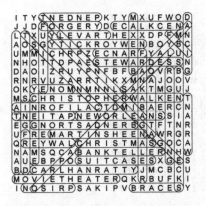

Catch Me If You Can

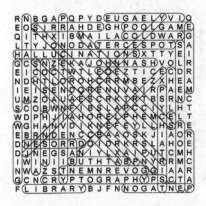

A Beautiful Mind

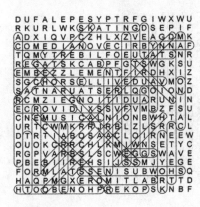

Funny Girl

Chapter 12: Nail Biters

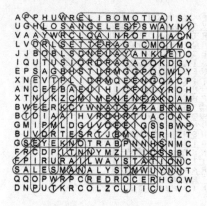

Double Indemnity

Enemy of the State

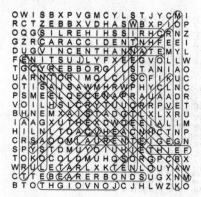

Heat

Rear Window

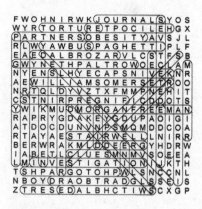

Seven

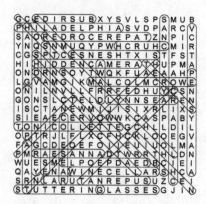

The Sixth Sense

Chapter 12: Nail Biters

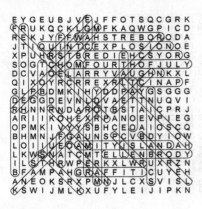

Jaws

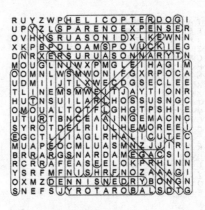

Jurassic Park

Die Hard

North by Northwest

Chapter 13: Cinema Classics

All About Eve

Citizen Kane

The Graduate

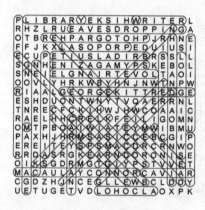

The Philadelphia Story

Some Like It Hot

Sunset Boulevard

Chapter 13: Cinema Classics

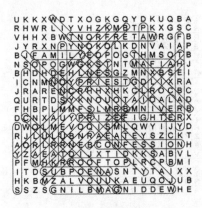

On the Waterfront

Vertigo

A Streetcar Named Desire

Mr. Smith Goes to Washington

Chapter 14: Laughter Is the Best Medicine

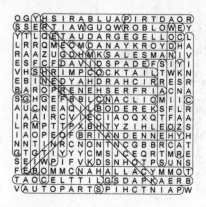

Tommy Boy

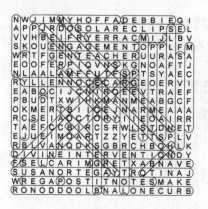

Bruce Almighty

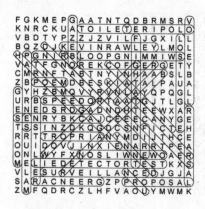

Meet the Parents

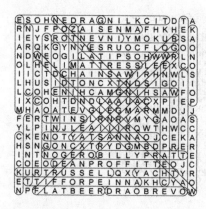

Overboard

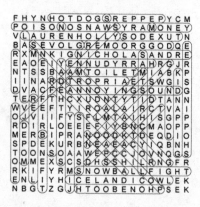

Dumb and Dumber

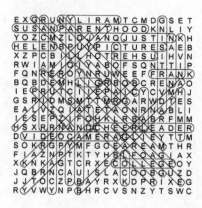

Parenthood

Chapter 14: Laughter Is the Best Medicine

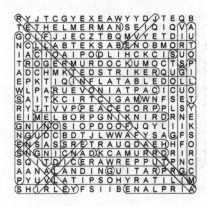

Airplane!

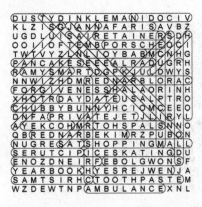

Just Friends

Blazing Saddles

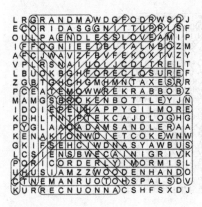

Happy Gilmore

Chapter 15: They Came from Outer Space

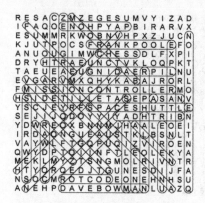

2001: A Space Odyssey

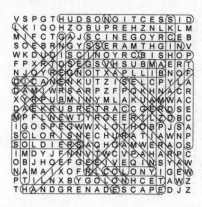

Aliens

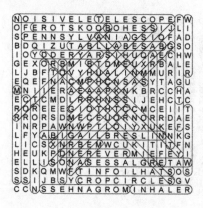

Signs

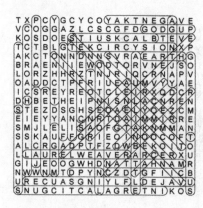

Men in Black

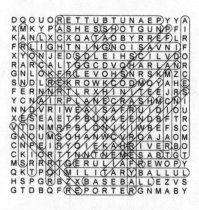

War of the Worlds

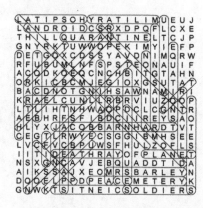

The Day the Earth Stood Still

Chapter 15: They Came from Outer Space

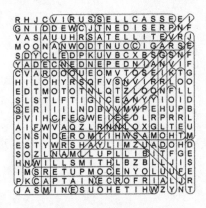

Independence Day

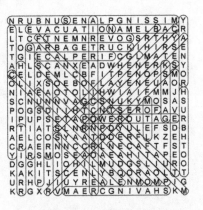

Close Encounters of the Third Kind

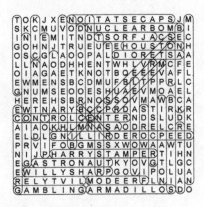

Armageddon

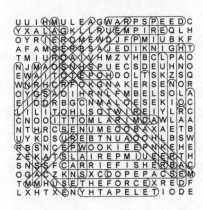

Star Wars

Close Encounters of the Third Kind

Independence Day

Star Wars

Armageddon